本书是教育部人文社会科学研究项目"美国出口市场调整转向战略研究"(批准号：19

谭晶荣　王瑞　童红耀　等 ◎ 著

政策影响、农产品质量提升与进出口市场转向研究

中国财经出版传媒集团

经济科学出版社
Economic Science Press

图书在版编目（CIP）数据

政策影响、农产品质量提升与进出口市场转向研究／
谭晶荣等著．－－北京：经济科学出版社，2022.8
ISBN 978－7－5218－3953－1

Ⅰ.①政…　Ⅱ.①谭…　Ⅲ.①农产品-进出口贸易-
贸易市场-研究-中国　Ⅳ.①F724.72

中国版本图书馆 CIP 数据核字（2022）第 154482 号

责任编辑：王柳松
责任校对：蒋子明　齐　杰
责任印制：邱　天

政策影响、农产品质量提升与进出口市场转向研究
谭晶荣　王　瑞　童红耀　等著
经济科学出版社出版、发行　新华书店经销
社址：北京市海淀区阜成路甲 28 号　邮编：100142
总编部电话：010-88191217　发行部电话：010-88191522
网址：www. esp. com. cn
电子邮箱：esp@ esp. com. cn
天猫网店：经济科学出版社旗舰店
网址：http：//jjkxcbs. tmall. com
北京季蜂印刷有限公司印装
880×1230　32 开　5.375 印张　160000 字
2022 年 8 月第 1 版　2022 年 8 月第 1 次印刷
ISBN 978－7－5218－3953－1　定价：52.00 元
（图书出现印装问题，本社负责调换。电话：010-88191510）
（版权所有　侵权必究　打击盗版　举报热线：010-88191661
QQ：2242791300　营销中心电话：010-88191537
电子邮箱：dbts@ esp. com. cn）

项　目　组

项目主持人：谭晶荣

项目组成员：谭晶荣　王　瑞　童红耀　贺研婷　张建霞
　　　　　　　胡　军　余妙志　郭东杰　唐　锋　周晓斌
　　　　　　　刘嘉旻　陈科杰　谭文婷　郭俊良

目　录

1 绪　论

1.1 研究价值

美国将中国定位为战略对手,① 试图通过贸易战把中国隔离在美国主导的国际贸易体系之外。如何破解美国贸易政策干扰,推进中国进出口市场调整转向,实现中国的贸易强国之梦,本书的研究具有重要的理论意义和实践价值。

在美国提高关税的引领下,全球关税税率水平会大幅度上升,因此,针对美国关税政策调整引致的贸易冲击问题进行研究很有价值。

1.1.1 理论价值

若贸易战是短期的,我们采取积极的回应是可行的,若贸易战长期持续,必然会迫使中国更加重视未来经济的发展质量,寻求科技创新、产业强国、贸易强国等理论支撑。但是,对于美国挑起的贸易摩擦如何应对、如何破解等,在理论研究方面并不充分,实践的发展远远超过了理论研究。因此,本书的研究将弥补现有文献的不足。

---

① 美国在 2017 年 12 月 18 日公布的《国家安全战略报告》中,将中国视作美国的竞争对手,这种表述并不是第一次。当年小布什上台之初,也是将中国界定为"战略竞争对手"。人民日报海外版,2017 年 12 月 25 日第 10 版,http://paper.people.com.cn/rmrbhwb/html/2017-12/25/content_1825620.htm.

1.1.2　实践价值

自从 2017 年特朗普上台后，美国的贸易保护政策对全球经济产生了极其重要的影响，美国的贸易保护政策影响是多层面的，尤其是对中国新兴战略产业的掣肘作用较严重，针对美国的贸易保护政策，我们予以了积极回应。在此种情境下，中国对进口来源于美国市场的主要大宗相关产品，如大豆等，相应提高进口关税至 25%。由美国贸易保护政策引起的中国回应策略引发了实践者们的深入思考，因此，本书的研究具有重要的实践价值。

1.2　相关文献综述

1.2.1　贸易政策及其冲击方面的研究

贸易政策是指，针对商品进出口贸易和服务贸易制定的促进性贸易政策或限制性贸易政策的总称。主要解决贸易开放还是贸易保护（即自由贸易还是贸易保护）、贸易促进还是贸易限制的问题（盛斌，2001）。随着贸易理论的发展，贸易政策不断被赋予新的内容。国际贸易政策的演变过程，就是各国根据本国经济发展的实际情况，获取最大利益的过程。我们以 "trade policy" "trade policy uncertainty" "trade policy shock" 为主题词在科学网（web of science）检索了《中国社会科学》《经济研究》《世界经济》《国际贸易问题》等 20 种中文权威一级期刊和《美国经济评论》（*American Economic Review*）、《能源政策》（*Energy Policy*）等 20 种国外期刊，以及 2021 篇中、英文重要文献。检索发现，贸易政策的涵盖范围较为广泛。主要研究包括三类：（1）贸易政策；（2）贸易政策不确定性，即区域贸易协定会降低成员国之间贸易政策的不确定性（TPU），也有学者将 TPU 解释为贸易政策冲击；（3）贸易政策冲击等。当某国相关产品的对外贸易受到来自外部的阻碍（或称外部冲击），难以继续与贸易伙伴国维持贸易关系，贸易的持续性受到影响。坎德瓦尔等（Khandelwal et al.，2013）分析双方贸易摩擦的制约因素，寻求破解之法，除了继续维护和巩固双边贸易关系之外的选择，便是重起炉灶，另辟市场。

1.2.2 关税贸易政策冲击效应、非关税贸易政策冲击效应检验研究

有关关税贸易政策冲击效应、非关税贸易政策冲击效应方面的研究，从作用范围来看，这些政策可以分为边境措施（关税政策、非关税政策等）和国内支持政策两类。各国政府所实施的关税保护措施与非关税保护措施，已经成为国际自由贸易的主要障碍。传统的关税政策容易引致对方的报复行为，受到双边贸易政策和多边贸易协定的限制，实施关税政策的风险成本和政策成本较高，多数国家往往通过非关税贸易壁垒（non-tariff trade barriers，NTBS）对本国相关产品贸易进行保护。新贸易保护主义（new protectionism）主要通过自动出口限制（voluntary export restrains，VERs）、进口配额（import quota）、反倾销（anti-dumping）措施制定苛刻的技术标准和行政法规限制等非关税措施，限制外国相关产品进口，保护本国相关产品及市场。学者们研究分析政策干预、影响程度以及对双边经济福利或多边经济福利的影响及贸易效应（贸易创造效应（TC）和贸易转移效应（TD））测算；也有学者对相关产品的国内支持水平进行了测算；此外，有学者运用CGE模型或GTAP模型等一般均衡模型，系统地研究了边境措施的贸易效应和国内支持政策的贸易效应。

1.2.3 中国相关产品贸易进出口市场面临多项选择、机遇与风险共存

毋庸讳言，未来几十年，中国相关产品贸易进出口市场面临多项

选择、机遇与风险共存。究其原因，主要还是来自在逆全球化思维下"美国优先"发展理念的新贸易保护主义的挑战，文化等变量具有渐变特性，而政治制度变量、经济制度变量顿变或渐变双重特性同时存在，而对双方贸易冲击往往是政策顿变产生的。诸如，美国对外贸易政策的戏剧性转变等。近几十年来，学者们更多地关注世界贸易组织（WTO）、跨太平洋伙伴关系协定（TPP）、北美自由贸易区、欧盟、东盟等全球化经济贸易组织或区域经济贸易组织在推动全球化经济贸易组织自由化和区域贸易自由化进程中所起的作用，以及对此进程中实施阻碍制约因素等进行解释。因此，在既有研究中，对于当今世界经济发展过程中的政策变量，顿变对贸易的持续性所产生的冲击缺乏预见，当然，在受到外部经济贸易政策的冲击下，双方的贸易关系难以为继，即使在没有外力影响下，重新选择贸易伙伴也是一个贸易大国在战略上必须考虑的。

1.2.4　综合述评

既有研究成果非常丰富，尤其是各国在注重自由贸易推进过程中，往往偏重采用隐形非关税手段对本国贸易实行保护，学者们对非关税措施（TBT、SPS）效果及其应对策略方面的研究成果颇丰。但自从2017年1月特朗普就任美国总统之后，美国大兴贸易保护策略，采用直接提高关税政策对本国贸易予以保护，欧洲也受到美国的高关税之痛，新兴市场国家遭受的冲击明显，而中国遭受的冲击巨大。在关税政策和非关税政策双重叠加作用下，美国贸易政策对中国股市、债市、汇市三个市场连锁深幅冲击形成的叠加效应，深深地影响了中国经济。中国不得不考虑未来的进出口市场调整转向问题。在新的时代背景下，中国对美国的贸易政策对于全球经济造成的冲击预见不足。尤其是对于美国关税调整和非关税措施对中国经济的双重叠加影响估计不足。随着时代环境条件的变化，有必要对如何应对美国贸易政策冲击及中国进出口市场战略转向做进一步深入研究。

1.3 研究内容

本书的研究内容共包括 7 章。

第 1 章，介绍了研究价值、相关文献综述、研究内容、研究思路和研究方法，并围绕研究问题构建研究框架和技术路线，指出本书的主要创新之处。

第 2 章，主要研究美国贸易政策不确定性（TPU）对中国农产品出口质量、出口规模及出口分布的冲击影响。研究表明，TPU 对中国农产品出口质量冲击、出口规模冲击存在正向短期效应，TPU 对中国农产品出口分布冲击影响更加显著，且存在滞后效应。进一步研究发现，出口分布对中国出口农产品质量存在反向影响，且出口规模对中国出口农产品质量提升具有持久效应。经检验，TPU 对中国出口农产品质量冲击作用稳健。

第 3 章，主要研究关税、SPS 措施对中国进口农产品质量的影响。通过建立嵌套 Logit 模型对 1996～2016 年样本期间内中国进口农产品质量进行测算，并从国别角度和农产品角度分别对进口关税、SPS 措施对于中国进口农产品质量进行实证检验，稳健性检验表明，进口关税、SPS 措施对中国进口农产品质量有显著影响，且其影响程度与关税、SPS 措施滞后期有很大关联。

第 4 章，基于坎德瓦尔等（2013）的回归反推法，采用 2001～2016 年中国与 196 个国家和地区的双边贸易数据，从总体层面对中国进口农产品质量进行了测算，并运用贝克等（Baker et al.，2016）编制的经济政策不确定性指数，分析了全球 15 个经济体在 2001～2017 年的经济政策不确定性变化趋势。同时，结合国家层面、农产品层面的进口农产品贸易数据，以及估测的中国进口农产品质量指标，实证测算了经济政策不确定性对中国进口农产品质量的影响。结果表明，进口来源国的经济政策不确定性，会导致中国进口农产品质量下降。同时，中国的经济政策不确定性，也会对进口农产品质量产生抑制作用。通过对经济政策不确定性作用机制的分析发现，经济政策不确定性会通过汇率、关税措施和非关税措施的传导，进而影响进口农产品质量。该结论在变换农产品质量测算指标、分段回归和控制内生性问题后，依然稳健。

第5章，采用2002年1月～2018年3月中美主要农产品贸易月度数据和美国贸易政策TPU指数，选用SV-TVP-SVAR模型，分析美国贸易政策对中美农产品贸易的冲击影响。研究表明，美国贸易政策的变化，对中美农产品贸易冲击具有显著的时变特征，在不同时期，美国贸易政策对中美农产品进出口的影响有所不同。特朗普政府执政以来所奉行的贸易保护主义政策，对中国主要进口农产品冲击的负面作用非常明显，大部分冲击基本上持续在8个月以上。基于上述结论提出的建议为：深入开展农产品市场的多边合作，构建区域自由贸易协定（FTA）。短期而言，中美农产品贸易仍受美国贸易政策的影响。长期来看，要在重视中美贸易谈判的同时，积极寻求与其他国家贸易合作，强化与现有贸易伙伴之间的合作力度，发挥中国农产品在不同国家间的优势和互补作用。

第6章，以中美贸易摩擦为背景，围绕TPU和汇率对中美进出口产品质量的短期冲击效应，进行理论分析和实证分析。研究发现，TPU及汇率在不同程度上对中美进出口产品质量存在短期冲击效应。政策建议为：当TPU造成的影响较为强烈时，中国可以通过积极的贸易谈判，减少中美两国间的贸易政策的不确定性，促进产品质量提升，开发新的产品市场，强化中国和其他国家间的贸易合作力度，并寻求产品市场的替代。当汇率造成的冲击太大时，中国应采取积极的汇率干预政策，以增强中国企业在国际市场上的竞争力。

第7章，通过对中国主要典型的6类农产品进口国（地区）农产品出口贸易增长趋势及这些国家（地区）1996~2016年农产品平均关税的变化分析，探析关税变化与贸易增长的关系。研究发现，降低该国（地区）农产品平均关税，会刺激该国（地区）出口农产品贸易的增长。结合新新贸易理论有关关税下降相当于增加贸易农产品的种类，即增加了农产品的扩展贸易边际，借鉴有关关税与福利关系的推导模型，测算中国农产品主要出口国（地区）社会福利的变化，在比较9国（地区）福利变化的基础之上，探讨美国提高关税导致的美国农产品贸易受阻，影响美国的福利水平。而在此情况下，中国如何从美国市场之外寻求支持，即转向其他市场。结合中国在"一带一路"倡议实施中市场调整转向为：①加强中国与"一带一路"前段国家或地区，如在中亚地区、南亚地区相关农产品贸易路径探索、双边（多边）合作及政策选择机制；②加强中国与"一带一路"中段国家或地区，如在东欧、中东、非洲国家或地区相关农产品贸易路径探索、双边（多边）合作及政策选择机制；③加强中国与"一带一路"后段国家或地区，主要是在西欧国家或地区相关农产品贸易路径探索、构建双边（多边）合作及政策选择机制合作共赢。

1.4　研究思路和研究方法

1.4.1　研究思路

本书遵循"提出问题—分析问题—解决问题"的思路展开，具体如图1.1所示。

1.4.2　研究方法

1. 文献梳理法

文献梳理法的主要目的是，通过对总结出来的理论基础、研究成果、研究方法与研究范式的分析，选择本书的研究视角、研究思路、研究方法等。具体来说，本书主要对美国贸易政策冲击与中国进出口市场调整转向战略方面的相关文献进行梳理、归纳，为研究构建模型与设计中国进出口市场调整转向战略的发展方案奠定基础。

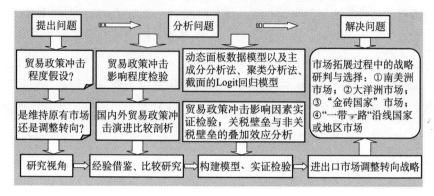

图1.1　本书研究思路

资料来源：笔者绘制。

2. 理论分析与实证检验相结合

理论分析主要是通过研读经典理论，借鉴国际经济学中有关自由贸易政策、贸易保护政策、关税措施和非关税措施对贸易福利的影响，并结合美国贸易保护方面的最新动态、政策变化等进行深入思考与研究。实证方面建立动态面板数据模型以及运用瓦哈卡－布林德（Oaxaca-Blinder）分解法、主成分分析法、聚类分析法、截面的 Logit 回归模型进行分析。实证检验贸易政策冲击的影响程度。根据估测结果，计算因提高关税措施与非关税措施的叠加效应而改变中美双方的贸易效应。

3. 比较方法、归纳方法相结合

比较方法、归纳方法主要是比较、归纳发达国家的贸易政策冲击演进剖析，并基于发达国家受贸易政策冲击后的反馈应对策略的成功经验，吸取遭受贸易政策冲击后应急措施及反馈措施不力的经验教训，用于指导贸易政策冲击与中国进出口市场调整转向发展的具体实践。

2 美国贸易政策不确定性对中国农产品出口质量冲击影响、出口规模冲击影响及出口分布的冲击影响

2.1 引言

2018年4月3日，美国贸易代表办公室在其网站发布了对来自中国的1300种商品主要涉及信息和通信技术、航天航空、机器人、医药、机械等行业的产品加征25%的关税，价值约500亿美元。针对美国贸易代表办公室的行为，商务部新闻发言人第一时间发表讲话，表示中方坚决反对，并将于近日依法对美国产品采取同等力度、同等规模的对等措施。① 美国增加关税会对中美双方贸易带来不利影响。在此情况下，研究美国贸易政策冲击下中国农产品出口质量、出口规模、出口分布的变化趋势及特征，以及研究美国贸易政策冲击对中国农产品出口质量、出口规模、出口分布的影响，显得尤为重要。

2.2 文献综述

1. 有关产品质量测度及影响因素研究

有关产品质量测度常用的方法，有单价法、产品特征法和需求信

---

① 美国发布对中国加征关税产品清单，商务部回应：美方做法严重违反世贸组织基本原则和精神。中央电视台，每日经济新闻，2018－04－04，http：//finance. jrj. com. cn/2018/04/04070124348418. shtml.

息推断法。单价法是指，以产品的单位价值来代表产品质量。李坤望等（2014）用该方法，从出口企业所有制、地区差异两方面，考察了中国出口产品质量的动态演化。产品特征法是指，将产品价格分解为产品质量与质量调整价格指数的乘积。类似地，戈德堡和韦伯文（Goldberg and Verboven，2001）在对欧洲汽车市场进行研究过程中，引入一系列具体的汽车特征参数来控制不同品牌间汽车的质量差异。目前，常用的是需求信息推断法①，使用产品价格和市场份额来回归分析反推质量。陈容和许和连（2017）基于坎德维尔等（2013）的需求信息推断法测度中国出口产品质量，发现中国出口产品质量总体上升。董银果和黄俊闻（2016）用同样的方法，发现中国出口产品质量呈现正"N"形变动。

对产品质量影响因素的研究，主要从供给和需求两个角度展开分析。从供给角度看，产品质量的影响因素主要有生产效率和关税减免。在生产效率上，施炳展和邵文波（2014）指出，生产效率提升了出口产品质量。樊海潮和郭光远（2015）表示，高生产率企业生产高质量产品并以高价出售。在关税减免上，坎德维尔等（2013）通过实证检验证明，关税减免与产品质量存在重要的相关性。汪建新（2014）发现，进口关税减让，能促进中国各省（区市）出口产品质量升级。范等（Fan et al.，2015）研究表明，中国进口关税减免能够通过降低中间品进口成本，提升中国出口产品质量。从需求角度看，产品质量的影响因素，主要为人均收入和收入分配。在人均收入方面，巴勃罗等（Pablo et al.，2011）指出，人均收入与出口产品质量呈正相关，而低收入国家是高质量产品的净进口国。孙林和胡菡月（2018）发现，随着人均收入的提升，中国消费者偏好从发达国家进口高质量食品。在收入分配上，米特拉等（Mitra et al.，2005）表示，随着一国收入差

---

① 该方法的理论假设为能够提升价格而又不损失其市场份额，产品的质量一定得到了提升（余森杰和张睿，2017）。

距的扩大，该国对进口奢侈品的消费需求增加。类似地，詹姆斯·R. 马库森（James R. Markusen，2013）提出，收入分配不平等程度越高的国家，对高质量产品的需求越高。

2. 有关 TPU[①] 及其测度方面的研究

有关 TPU 的研究，主要从国外对信息不确定性角度探究较多。阿维纳什·迪克西特（Avinash Dixit，1989）、罗伯英和泰伯特（Roberts and Tyhout，1997）研究发现，企业进入市场存在隐性成本，其中，信息不确定性是隐性成本的主要来源。有关 TPU 的测度方式，大致为不确定性指数法和关税差分法。不确定性指数法，是贝克等（2016）通过在各国主流报纸网站中建立"贸易""政策""不确定性"等词汇的数据库来构建 TPU 指标。例如，乔纳森·布罗加德和安德鲁·戴策（Jonathan Brogaard and Andrew Detzel，2015）采用此种方法测度了 TPU。龚联梅和钱学锋（2018）总结了不确定性指数法，公式为：$TPU = Z_t \frac{100}{M}$。[②] 在近些年的研究中，最广泛使用的方法为关税差分法[③]。贾斯汀·R. 皮尔斯和彼得·K. 肖特（Justin R. Pierce and Peter K. Schott，2016）在分析 TPU 与供应链之间的关系时，便采用了此度量方法，公式为：$TPU = \begin{cases} (l_{BT} - l_{MFN}) \rightarrow WTO\ 签约国 \\ \max\ (l_{PT} - l_{MFN},\ 0) \rightarrow 双边协议或多边协议 \end{cases}$[④] 而对于 TPU 如何影响产品质量的文献较为稀缺。

3. 文献述评

近年来，关于 TPU 测度、产品质量测度及产品质量影响因素三方

---

① 有文献将 TPU 定义为：一国贸易政策发生变化的可能性（余智，2019）。

② Z_t 是在时间 t 间隔内贸易政策不确定性频数的均值，M 是标准化的时间段。

③ 大多文献的潜在假设是将关税看作贸易政策不确定性的主要来源，以某个国家加入多边贸易组织或两个国家签订双边贸易协定为门槛，分析事件前后贸易政策不确定性的变化对贸易的影响。

④ 其中，l 是相应产品的关税，MFN 代表最惠国税率，BT 代表 WTO 体系下最惠国税率的上限税率即约束关税，PT 是协议国间的税率。

面的中外文文献比较丰富。从产品质量影响因素方面看，中外文文献主要从生产效率、关税和收入等方面分析其对产品质量的影响，而从 TPU 方面探究的文献较少。有关 TPU 对产品质量影响的研究，仅有凌枫等（Ling Feng et al.，2017）运用中国工业企业数据库的相关数据研究发现，TPU 下降促进了新企业进入市场，从而提升了出口产品质量。而苏理梅等（2016）的研究却得出相反结论，出口企业面临的 TPU 值越低，其产品质量则越低。综上所述，有关 TPU 对产品质量影响方面的文献相对较少，而有关 TPU 对产品出口规模影响、出口分布影响的研究文献更少。

2.3 美国贸易政策不确定性对中国农产品出口质量、出口规模及出口分布的冲击效应分析

1. TPU 对农产品质量的冲击效应

首先，借用施炳展和曾祥菲（2015）所采用的常替代弹性（CES）效用函数，考虑短期 TPU 的效应。在式（2.1）中，σ 表示农产品替代弹性，λ 表示农产品质量，q 表示农产品需求量，ω 表示农产品类别，Ω 表示农产品消费集。

$$U = \left\{ \sum\nolimits_{\omega \in \Omega} \left[\lambda(\omega) \, q(\omega) \right]^{\frac{\sigma-1}{\sigma}} \right\}^{\frac{\sigma}{\sigma-1}} \qquad (2.1)$$

求解消费者最优化问题可知，消费者农产品需求为：

$$q(\omega) = \left[\lambda(\omega) \right]^{\sigma-1} \frac{\left[p(\omega) \right]^{-\sigma}}{P} Y \qquad (2.2)$$

在式（2.2）中，p（ω）表示农产品的进口价格，P 表示农产品的总价格指数 CPI，Y 表示农产品总支出。在供给上，企业在销售过程中主要存在运输成本（σ），本节将贸易政策不确定性（t）和中美汇率（e）引入模型，其中，企业固定成本（F）及企业可变成本（δ）。式（2.3）表示，在企业收益为正（收益 >0）、企业收益为负

（收益＜0）两种情况下，进口价格决定方程。

$$p\ (\omega)=\begin{cases}\dfrac{\delta}{e}a\ (1+t)\ +F,\ 收益>0\\[2mm]0,\ 收益\leq 0\end{cases}\tag{2.3}$$

在企业收益为正的情况下，需求量为：

$$q\ (\omega)=[\lambda\ (\omega)]^{\sigma-1}\dfrac{\left[\dfrac{\delta}{e}a\ (1+t)\ +F\right]^{-\sigma}}{P}Y\tag{2.4}$$

其次，将式（2.4）调整可得：

$$\lambda\ (\omega)=\left[\dfrac{\delta}{e}a\ (1+t)\ +F\right]^{\frac{\sigma}{\sigma-1}}\left(\dfrac{qP}{Y}\right)^{\frac{1}{\sigma-1}}\tag{2.5}$$

式（2.5）两边质量 λ 分别对 t 求偏导，可得：$\dfrac{\partial\lambda}{\partial t}=\dfrac{\delta}{e}a\left(\dfrac{qpP}{Y}\right)^{\frac{1}{\sigma-1}}$

$\dfrac{\sigma}{\sigma-1}>0$，由此可知，农产品质量与 TPU 正相关。

2. TPU 对农产品出口规模的冲击效应*

TPU 的冲击，致使市场供需状况发生改变。其中，收益为正的企业保留市场；收益为负的企业减少投入或退出市场。Q_d 为市场总需求，Q_s 为市场总供给，q_{s1} 为正收益企业的供给量，q_{s2} 为负收益企业的供给量。高质量农产品生产企业生产的农产品的抗风险能力更强，因而市场的供给减少主要来自 q_{s2}。根据贸易理论可知，$Q_d>Q_s^{\downarrow}=q_{s1}+q_{s2}^{\downarrow}$。此时，市场出清 $Q_d=Q_s$ 有两种方法：一是提高市场价格抑制需求；二是高质量的农产品占据市场缺口，而在竞争性市场上，厂商对市场价格的掌控力有限，因而市场更多地受到高质量农产品的替代效应和进口方对农产品需求效应的影响。由此可知，在 TPU 的冲击下，因农产品质量提升引起高质量农产品出口规模的增长，且替代了低质量农产品退市造成的缺口。因而，TPU 与农产品出口规模正相关。

---

* 借鉴凯尔·汉德利（Kyle Handley）的理论，TPU 的影响存在两种效应：一是产品成本上升；二是企业延期投入市场或退出市场。

3. TPU 对农产品出口分布的冲击效应

由式（2.5）可知，农产品质量和替代弹性负相关。因而，在 TPU 冲击下，考虑企业对不同农产品质量的影响。在式（2.6）中，$S(\omega)$ 为企业的收入函数。企业拥有 λ_1 和 λ_2 两种质量的农产品，且 $\lambda_1 < \lambda_2$，$\sigma_1 > \sigma_2$。

$$S(\omega) = p_i(\omega) \left[\lambda_i(\omega) \right]^{\sigma-1} \frac{\left[p_i(\omega) \right]^{-\sigma}}{P^{1-\sigma}} Y \tag{2.6}$$

企业的市场选择为：$C = s_1(\omega)/s_2(\omega)$，表示随着 TPU 增大，企业将在 λ_1 和 λ_2 两种农产品中选择更优质的农产品进行生产和销售：

$$s_1(\omega)/s_2(\omega) = \left[p(\omega) \left[\lambda_1(\omega) \right]^{\sigma_1-1} \frac{\left[p(\omega)^{-\sigma_1} \right]}{P^{1-\sigma_1}} Y \right]$$

$$\left/ \left[p(\omega) \left[\lambda_2(\omega) \right]^{\sigma_2-1} \frac{\left[p(\omega)^{-\sigma_2} \right]}{P^{1-\sigma_2}} Y \right] \right. \tag{2.7}$$

$$s_1(\omega)/s_2(\omega) = (\lambda_1^{\sigma_1-1}/\lambda_1^{\sigma_2-1}) \, P^{\sigma_1-\sigma_2} \left[\frac{\delta}{e} a(1+t) + F \right]^{\sigma_2-\sigma_1} \tag{2.8}$$

对 t 求导并整理可得：

$$\frac{\partial C}{\partial t} = (\sigma_2 - \sigma_1) \left[\frac{\delta}{e} a(1+t) + F \right]^{\sigma_2-\sigma_1-1} \frac{\delta}{e} a < 0 \tag{2.9}$$

由以上推导可知，随着农产品替代弹性增加，企业将更多地生产、销售高质量的农产品，从而农产品质量加速上升。即农产品的出口分布将会缩减，非核心农产品退出市场，核心农产品的集中度将上升。由此可知，在 TPU 的冲击下，出口农产品的分布将会收敛，（高质量）核心农产品的占比将上升。因而，TPU 加速整体农产品质量提升。

2.4　农产品质量的测度

1. 农产品质量测算数据来源和数据处理

农产品质量测度源自联合国商品贸易数据库（UN - Database），样本时间跨度为 2011~2018 年。首先，选取 HS6 位码下的贸易数量、单位价格等主要数据，并予以分类；其次，剔除缺失数据及变量值为 0 的数据；再次，统一农产品的计量单位为 kg，并获得在 HS2 位码基础下的 22 类农产品；最后，得到 12933 个观测值。

2. 农产品质量的测度

（1）农产品质量的测度公式

先通过式（2.10）将 HS6 位码数据转换为 HS2 位码数据。其中，p_c 是 HS6 位码数据的单价，v_c 是 HS6 位码数据的总价值量，P_z 是 HS2 位码数据的加权单价，q_z 是 HS2 位码数据的加权数量。

$$P_z = \sum \frac{v_c}{\sum v_c} p_c, q_z = \frac{\sum v_c}{P_z} \qquad (2.10)$$

农产品质量测度沿用坎德维尔等（2013）的模型，假设消费者的效用函数为常数替代弹性 CES 函数：

$$U = \left\{ \int_{\omega \in \Omega} \left[\lambda_{ij}(\omega) q_{ij}(\omega) \right]^{\frac{\sigma-1}{\sigma}} d\omega \right\}^{\frac{\sigma}{\sigma-1}} \qquad (2.11)$$

在式（2.11）中，i 表示进口来源国，j 表示目的国；Ω 表示消费者购买的农产品集；$\lambda_{ij}(\omega)$ 表示来自 j 国农产品 ω 的质量，$q_{ij}(\omega)$ 是指，i 国对来自 j 国农产品 ω 的需求量，$\sigma > 1$ 表示农产品种类间的替代弹性。ε_{ij} 为回归残差项，λ_{ij} 为质量。则农产品质量测度公式为：

$$quality = \ln\lambda_{ij} = \frac{\varepsilon_{ij}}{\sigma-1} \qquad (2.12)$$

（2）农产品质量测度结果

从表 2.1 中可以看出，22 类农产品总体质量波动变化不大，说明中国出口美国的农产品整体水平稳定。且出口的 22 类农产品的质量均大于 1.000，从侧面反映了中国出口美国农产品的质量较高。另外，计算了各年度农产品质量，发现排名前七的农产品分别为：23：食品工业残渣废料/动物饲料；24：烟草及烟草代用品的制品；20：蔬菜、水果、坚果等；4：乳品/蛋品/蜂蜜等；13：虫胶/树胶及其他植物液、汁；18：

可可及可可制品；10：谷物。①

表 2.1　　　　2011～2018 年中国出口美国农产品质量变动

HS2 位码下的农产品分类	2011 年	2012 年	2013 年	2014 年	2015 年	2016 年	2017 年	2018 年
2：肉及食用杂碎	1.131	0.855	0.889	1.073	0.936	0.985	0.975	1.206
3：鱼、甲壳动物及无脊椎动物	1.014	0.985	0.937	0.986	0.953	1.041	1.034	1.055
4：乳品/蛋品/蜂蜜等	1.570	1.167	1.369	0.943	0.899	0.729	0.895	0.721
5：其他动物产品	0.868	1.007	1.085	1.078	1.025	0.941	0.998	1.015
6：活植物/根及类似品/插花饰品	1.572	1.073	1.157	0.976	0.863	0.852	0.892	0.802
7：食用蔬菜、根及块茎	0.871	0.954	1.079	0.910	1.009	1.137	1.065	1.004
8：水果及坚果/甜瓜或柑橘属果皮	0.979	1.033	1.113	0.950	1.053	0.986	0.819	1.100
9：咖啡、茶及调味香料	0.939	0.908	0.963	1.204	1.022	1.016	1.001	0.973
10：谷物	1.152	0.998	0.846	1.051	1.229	1.383	0.934	0.615
11：制粉加工品/麦芽/淀粉/面筋等	0.884	1.167	1.158	1.079	0.985	0.987	0.841	0.949
12：含油籽、籽仁等/工业或药用植物	1.192	0.769	0.731	0.817	0.997	1.224	1.356	1.104
13：虫胶/树胶及其他植物液、汁	0.824	0.844	0.652	0.795	1.239	1.423	1.229	1.282
14：编结植物材料/其他植物产品	0.939	0.892	0.918	0.868	0.960	1.093	1.187	1.203
15：动、植物油、脂及其分解产品	0.883	1.064	1.114	0.943	1.006	1.054	0.987	0.967

① 限于篇幅，农产品质量排序不再列表。

续表

HS2 位码下的农产品分类	2011 年	2012 年	2013 年	2014 年	2015 年	2016 年	2017 年	2018 年
16：肉、鱼、甲壳动物等制品	0.932	1.032	1.001	0.981	0.929	0.983	1.027	1.128
17：糖和糖果	0.918	1.025	0.985	0.990	1.047	1.048	0.991	1.000
18：可可及可可制品	0.656	0.826	0.718	1.000	1.166	1.409	1.155	1.352
19：谷物、粮食、淀粉加工品等	0.922	0.944	0.954	0.941	0.983	1.100	1.077	1.100
20：蔬菜、水果、坚果等	1.243	1.555	1.409	1.424	1.215	0.602	0.589	0.599
21：杂项食品	0.771	0.902	0.901	0.927	0.964	1.128	1.209	1.309
23：食品工业残渣废料/动物饲料	2.166	2.301	1.832	0.917	0.330	0.501	0.777	0.929
24：烟草及烟草代用品的制品	0.569	0.552	0.804	1.374	2.084	0.983	1.327	1.059

资料来源：笔者根据联合国商品贸易数据库中的相关数据利用式（2.12）计算整理而得。

2.5 实证检验

2.5.1 基准回归

为了探究贸易政策不确定性（TPU）对中国出口美国农产品质量的影响效应，先引入基准模型并通过更替控制变量进行回归检验。模型如式（2.13）所示：

$$\{Q_t；EX_t；K_t\} = a_1 + \beta_1 TPU + \gamma X_t + \varepsilon_t \qquad (2.13)$$

在式（2.13）中，下标 t 表示年份，核心被解释变量 Q_t 为出口农产品质量；EX_t 为出口规模，K_t 为出口农产品分布[①]，核心解释变量

---

① 农产品分布使用各个 HS6 位码下的出口农产品类别数，作为代理变量。

为 TPU，X_t 为控制变量集。a_1 为截距项，β_1 为主要关注系数，γ 为控制变量系数集。X_t 主要包括汇率水平（间接标价法）、营商便利度、基础设施和 GDP。被解释变量农产品质量取对数和核心解释变量 TPU 取对数。

1. TPU 对中国出口农产品质量的影响分析

为了估测 TPU 对出口农产品质量的影响，将 TPU 分为当期 TPU、滞后一期 TPU 及滞后二期 TPU 进行回归。回归结果显示，仅有当期 TPU 对出口农产品质量影响是显著的，滞后一期 TPU 和滞后二期 TPU 均不显著。表 2.2 中模型 1～模型 6 为当期 TPU 对中国出口农产品质量影响的回归结果。

表 2.2　　　　　TPU 对中国出口农产品质量影响的回归结果

变量	模型 1	模型 2	模型 3	模型 4	模型 5	模型 6
TPU	0.0871 ***	0.0929 **	0.114 **	0.0958 *	0.103 **	0.161 *
	(0.0189)	(0.0262)	(0.0405)	(0.0371)	(0.0224)	(0.0427)
汇率		-0.0266	-0.0295	-0.0271	-0.120	-0.191
		(0.0735)	(0.0818)	(0.0796)	(0.103)	(0.232)
基础设施			-0.0629			-0.129
			(0.162)			(0.170)
营商便利度				-0.0424		-0.108
				(0.239)		(0.246)
cons	0.123	0.268	0.295	0.295	0.310	0.461
	(0.103)	(0.411)	(0.419)	(0.436)	(0.530)	(0.885)
Adj-R^2	0.607	0.530	0.449	0.413	0.496	0.262
vif	1.00	3.19	3.70	3.95	3.07	4.56
wn-test	0.2444	0.3202	0.3642	0.3625	0.2641	0.2090

注：***、**、* 分别表示在 1%、5% 和 10% 的水平上显著，括号内数字代表 t 值。
资料来源：笔者根据表 2.1 中的相关数据利用式（2.13）计算整理而得。

从表 2.2 的回归结果可知，TPU 对农产品质量保持着积极的短期效应，且在更换控制变量后结果依然稳健，即 TPU 促进了农产品质量的提升。

2. TPU 对中国出口农产品规模的影响分析

与以上回归思路相同，为比较不同时期的 TPU 对当期出口农产品规模的影响，仍将 TPU 分为当期 TPU、滞后一期 TPU 及滞后二期 TPU 对出口规模进行回归。回归模型仍使用式（2.13），并将被解释变量替换为出口规模 EX_t，模型 7～模型 24 即为更换控制变量与 TPU 滞后期数之后 TPU 对中国出口农产品规模影响的回归结果，见表2.3。

表 2.3　　　　　TPU 对中国出口农产品规模影响的回归结果

Panel-A	模型 7	模型 8	模型 9	模型 10	模型 11	模型 12
TPU	0.0253 (0.0194)	0.0639 ** (0.0205)	0.0509 (0.0275)	0.0216 (0.0142)	0.0743 *** (0.0136)	0.0471 ** (0.00657)
汇率		−0.176 (0.0922)	−0.174 (0.0878)	−0.170 *** (0.0365)	−0.274 ** (0.0705)	−0.251 ** (0.0565)
基础设施			0.0378 (0.0647)			−0.0308 (0.0417)
营商便利度				0.624 ** (0.149)		0.528 ** (0.0560)
cons	22.59 *** (0.0814)	23.55 *** (0.512)	23.53 *** (0.489)	23.15 *** (0.181)	23.59 *** (0.438)	23.26 *** (0.127)
Adj-R²	0.128	0.329	0.222	0.696	0.577	0.801
vif	1.00	3.19	3.70	3.95	3.07	4.56
wn-test	1.0000	0.9176	0.9346	0.8976	0.9268	0.3378
Panel-B	模型 13	模型 14	模型 15	模型 16	模型 17	模型 18
L. TPU	0.0478 (0.0282)	0.0739 ** (0.0222)	0.0144 (0.0475)	0.0777 * (0.0276)	0.0705 * (0.0253)	0.0733 (0.0271)
汇率		−0.135 (0.0941)	−0.114 * (0.0451)	−0.0848 (0.0493)		−0.147 (0.113)
基础设施		0.0382 (0.0624)			−0.0251 (0.0355)	0.0435 (0.0737)
营商便利度			0.585 (0.394)			
cons	22.51 *** (0.112)	23.20 *** (0.500)	22.87 *** (0.312)	23.04 *** (0.305)	22.80 *** (0.282)	23.22 *** (0.592)
Adj-R²	0.380	0.399	0.624	0.352	0.220	0.101
vif	1.00	2.87	5.84	2.32	1.76	4.92
wn-test	0.9765	0.9113	1.0000	0.7041	0.9992	0.8921
Panel-C	模型 19	模型 20	模型 21	模型 22	模型 23	模型 24
L2. TPU	0.0751 *** (0.0139)	0.0615 * (0.0168)	0.0388 ** (0.00645)	0.0768 * (0.0203)	0.0442 *** (0.000588)	0.0416 * (0.00450)

续表

Panel-C	模型 19	模型 20	模型 21	模型 22	模型 23	模型 24
汇率		−0.0986	−0.0788 **	0.0420		−0.0591 **
		(0.0963)	(0.0147)	(0.0467)		(0.00413)
基础设施		0.111			−0.0541 **	
		(0.0646)			(0.00196)	
营商便利度			0.489 ***		0.532 **	0.463 **
			(0.0440)		(0.00839)	(0.0205)
cons	22.40 ***	22.89 ***	22.62 ***	22.41 ***	22.42 ***	22.63 ***
	(0.0598)	(0.507)	(0.0878)	(0.320)	(0.0111)	(0.0749)
Adj-R²	0.705	0.686	0.974	0.529	0.998	0.985
vif	1.00	3.68	2.44	1.77	3.12	3.00
wn-test	0.9166	1.0000	0.2513	0.9993	0.7882	0.9600

注：***、**、* 分别表示在1%、5%和10%的水平上显著，括号内数字代表 t 值。
资料来源：笔者根据表 2.1 中的相关数据利用式（2.13）计算整理而得。

对比 Panel-A、Panel-B 和 Panel-C 后可以发现，三期回归结果都呈现正向效应，但在更换控制变量的过程中，只有 Panel-C 的结果最为稳健，TPU 的回归系数均显著为正。这表明，TPU 对出口农产品规模的影响存在滞后，即当期的农产品出口规模受 TPU 影响的传导效应，在滞后二期后最为明显。

3. TPU 对出口农产品分布的影响

同理，为比较不同时期的 TPU 对当期出口规模的影响，仍将 TPU 分为当期 TPU、滞后一期 TPU 及滞后二期 TPU 对出口农产品分布进行回归。回归模型仍使用式（2.13），并将被解释变量替换为出口农产品分布 K_t，模型 25 ~ 模型 34 即为更换控制变量与 TPU 滞后期数的回归结果。TPU 对中国农产品出口分布的影响，见表 2.4，实证检验表明，滞后二期 TPU 对出口农产品分布并不敏感，因此，只保留了 TPU 对出口农产品当期 TPU 和滞后一期 TPU 的回归结果。其中，在 Panel-D 中，营商便利度控制变量与 TPU 的滞后一期存在较强共线性，因此，使用备选控制变量 GDP 替换营商便利度。

表 2.4　　　　**TPU 对中国农产品出口分布的影响的回归结果**

Panel-D	模型 25	模型 26	模型 27	模型 28	模型 29
TPU	− 1. 063 **	− 0. 317	− 0. 497	− 2. 176 **	− 0. 0418
	(0. 388)	(0. 584)	(0. 676)	(0. 619)	(0. 293)
汇率		3. 318	3. 309	6. 716	4. 274 **
		(1. 910)	(2. 128)	(3. 734)	(0. 641)
基础设施		− 4. 439 **			− 3. 254 **
		(1. 012)			(0. 630)
营商 便利度			− 19. 76		− 11. 68 ***
			(9. 996)		(1. 150)
cons	36. 12 ***	18. 81	29. 55 **	15. 53	25. 31 **
	(1. 797)	(11. 01)	(10. 51)	(21. 41)	(4. 754)
Adj-R^2	0. 277	0. 782	0. 531	0. 454	0. 969
vif	1. 00	3. 70	3. 95	3. 07	4. 56
wn-test	0. 9191	0. 5542	0. 1891	1. 0000	0. 9704
Panel-E	模型 30	模型 31	模型 32	模型 33	模型 34
L. TPU	− 1. 500 **	− 1. 153 ***	− 1. 019 **	− 1. 0718 **	− 1. 326 **
	(0. 511)	(0. 173)	(0. 194)	(0. 1275)	(0. 0732)
汇率		3. 277 **	5. 512 *	4. 927 **	1. 893 *
		(0. 960)	(1. 570)	(0. 823)	(0. 263)
基础设施			− 4. 878 **		17. 81 **
			(0. 983)		(1. 224)
GDP		7. 033 **		8. 445 **	38. 07 **
		(1. 384)		(0. 880)	(2. 121)
cons	37. 34 ***	239. 0 ***	16. 30	280. 95 **	1212. 2 **
	(2. 037)	(39. 30)	(8. 465)	(23. 46)	(66. 30)
Adj. R-sq	0. 426	0. 872	0. 810	0. 9611	0. 994
vif	1. 00	2. 56	4. 92	4. 30	7. 98
wn-test	0. 9956	0. 8528	1. 0000	1. 0000	1. 0000

注：***、**、*分别表示在1%、5%和10%的水平上显著，括号内数字代表 t 值。
资料来源：笔者根据表 2.1 中的相关数据利用式（2.13）计算整理而得。

对比分析 Panel-D、Panel-E 模型 25 ~ 模型 34 可以发现，TPU 对出口农产品分布的负向效应十分明显。且在更换控制变量过程中，Panel-E 的结果最显著。这表明，TPU 对出口农产品分布的影响在当期要弱于滞后一期，即 TPU 对出口农产品分布效应存在时滞。

2.5.2 稳健性检验

以上为基准回归结果，为检验其稳健性，模型仍然使用异方差稳健的标准误回归，并分别采用时间控制效应和个体控制效应，TPU、农产品出口分布及农产品出口规模对农产品质量的影响检验的回归结果，见表2.5。

**表2.5　TPU、农产品出口分布及农产品出口规模对
农产品质量的影响检验的回归结果**

Panel-F	模型35	模型36	模型37	模型38	模型39
TPU	0.139 ** (0.0363)	0.202 ** (0.0566)	0.202 ** (0.0770)		
L. TPU			-0.0623 (0.0551)		
L2. TPU			-0.128 * (0.0552)		
农产品分布				-0.0443 ** (0.0125)	-0.0596 *** (0.00802)
L. 农产品分布					-0.0100 (0.0320)
L2. 农产品分布					-0.0565 (0.0466)
cons	0.402 * (0.161)	-0.0321 (0.296)	0.921 *** (0.152)	1.289 *** (0.157)	2.109 ** (0.682)
时间	否	是	是	是	是
产品	否	否	是	是	是
Adj. R-sq	0.406	0.648	0.623	0.683	0.686
Panel-G	模型40	模型41	模型42	模型43	模型44
TPU			0.121 * (0.0495)	0.0988 * (0.0450)	0.195 ** (0.0876)
L. TPU				-0.0261 (0.0383)	-0.0431 (0.0493)
L2. TPU					-0.130 ** (0.0659)
农产品分布			-0.0307 ** (0.0104)	-0.0306 * (0.0143)	-0.0206 * (0.0306)
L. 农产品分布				-0.000438 (0.0179)	0.0101 (0.0270)

续表

Panel - G	模型 40	模型 41	模型 42	模型 43	模型 44
L2. 农产品分布					0.000823
					(0.0303)
出口额	0.257 **	0.362 **	0.235 **	0.0716	0.112 ***
	(0.0723)	(0.118)	(0.0654)	(0.0704)	(0.0401)
L. 出口额		0.277		0.204	0.183
		(0.195)		(0.105)	(0.206)
L2. 出口额		-0.0936			-0.259
		(0.344)			(0.194)
cons	-3.795 **	-9.019 **	-3.617 **	-4.046 ***	0.273
	(1.300)	(2.402)	(1.005)	(0.892)	(0.406)
时间	是	是	是	是	是
农产品	是	是	是	是	是
Adj. R-sq	0.744	0.495	0.760	0.633	0.688

注：*** 、** 、* 分别表示在 1%、5% 和 10% 的水平上显著，括号内数字代表 t 值。
资料来源：笔者根据表 2.1 中的相关数据利用式（2.13）计算整理而得。

在表 2.5 中，Panel-F 和 Panel-G 分别以 TPU、农产品出口分布及农产品出口规模作为农产品质量的解释变量进行回归。首先，无论是 TPU、农产品出口分布还是农产品出口规模，三者都只有当期值对出口农产品质量的影响最为显著。TPU 的滞后一期影响转为负向，且在其滞后二期时负向效应增强。这表明，短期内外部 TPU 有助于刺激产品质量提升，但随着时间的延续，TPU 可能存在负向效应（核心农产品因市场亏损，逐步退出市场）。其次，出口分布的影响在第一期显著为负，且其滞后期内系数也为负，表示出口分布与农产品质量存在直接的负向关系。最后，出口规模对农产品质量存在显著的正向效应，但其滞后期检验并不显著。这表明，长期而言，核心农产品的出口规模也将受到 TPU 的负面冲击而减少，与出口分布受到的影响相似。

将 TPU、农产品出口分布和农产品出口规模两两组合回归，进一步观察其稳健性。依据表 2.6 农产品出口分布和农产品出口规模分组稳健性检验可知，组合回归中农产品出口分布对农产品出口质量只有当

表2.6　农产品出口分布和农产品出口规模分组稳健性检验

变量	模型45	模型46	模型47	模型48	模型49	模型50	模型51	模型52	模型53
农产品分布	-0.0307** (0.0104)	-0.0365** (0.00942)	-0.0551* (0.0104)	-0.0443** (0.0125)	-0.0378* (0.0171)				
出口额	0.235** (0.0654)					0.257** (0.0723)			
L.出口额		0.233** (0.0696)							
L2.出口额			0.263* (0.0492)				0.201* (0.0943)	0.201* (0.0943)	0.201* (0.0943)
TPU				0.206** (0.0562)		0.111* (0.0502)	0.100* (0.0474)		
L.TPU					0.429** (0.132)			0.212* (0.100)	
L2.TPU									0.369* (0.175)
cons	-3.096* (1.205)	-2.931* (1.228)	-3.356** (0.848)	0.401 (0.369)	-0.548 (0.722)	-4.271** (1.107)	-3.137* (1.514)	-3.587** (1.339)	-4.367* (1.068)
时间	是	是	是	是	是	是	是	是	是
农产品	是	是	是	是	是	是	是	是	是
R-sq	0.760	0.739	0.730	0.683	0.662	0.744	0.667	0.667	0.667

注：***、**、*分别表示在1%、5%和10%的水平上显著，括号内数字代表t值。

资料来源：笔者根据表2.1中的相关数据利用式（2.13）计算整理而得。

期效应最为显著，出口规模及其滞后一期对农产品出口质量的效应最明显。TPU 及其滞后期对农产品出口质量的影响都较为显著，且滞后一期的系数最大，滞后二期的系数次之。以上表明，在 TPU、农产品出口分布和农产品出口规模对农产品出口质量的影响中，农产品出口分布和农产品质量具有同期反向关系；农产品出口规模对农产品出口质量的提升具有持久效应，且当期 TPU 和滞后一期 TPU 更为显著，TPU 对农产品出口质量具有推动作用。

2.6　研究结论

基于 TPU 对农产品出口三个层面（农产品出口质量、农产品出口分布、农产品出口规模）的基准回归表明以下三点。

首先，TPU 对农产品质量存在短期的正向效应。TPU 对农产品出口规模的影响存在正向作用，且影响在滞后期更为显著。此外，通过剔除质量波动较大的农产品，进行稳健性分析显示：一定的 TPU 刺激了农产品出口增长，且对高质量农产品出口规模的正向推动更为显著。TPU 对农产品出口分布的检验发现，滞后一期 TPU 对出口农产品分布的影响更明显。反映出在 TPU 影响下，中国出口核心农产品的集中度上升，且影响存在滞后性。

其次，滞后二期 TPU 对农产品出口规模的影响更显著，而滞后一期 TPU 降低了农产品出口分布，因此，农产品出口分布对 TPU 的敏感性，要强于农产品出口规模。在分析 TPU 对农产品出口分布、农产品出口规模以及农产品出口质量综合影响时发现，TPU 对三者的影响具有相互性。短期内 TPU 通过影响农产品出口分布和农产品出口规模，促进农产品出口质量的相对提升。将 TPU、农产品出口分布及农产品出口规模作为农产品出口质量的被解释变量代入模型进行回归，进一步发现，TPU、农产品出口分布、农产品出口规模三者的当期值，对农产品出口质量的影响都显著。此外，农产品分布的影响在当期和滞后期皆为负向，表明农产品出口分布类似于农产品出口质量的"警示灯"。农产品出口分布越广，则总体产品的质量将越平均化。农产品出口规模对农产品出口质量存在显著的正向效应。

最后，将 TPU、农产品出口分布和农产品出口规模两两组合回归，并进行稳健性检验。结果发现，农产品出口分布和农产品出口质量具有同期"反向"关系；农产品出口规模对农产品出口质量的提升具有持久效应，且当期和滞后一期更为显著；TPU 对农产品出口质量具有短期推动作用。

3　关税、SPS 措施对中国进口农产品质量的影响

3.1　产品质量测度

3.1.1　测度理论及测度方法

1. Berry 离散选择模型

当产品同时包含水平差异（种类）和垂直差异时（质量），以产品的单位价值作为质量的代理变量就会产生误差。贝瑞（1994）放宽了传统供需模型中关于市场完全竞争以及产品同质的假设，将产品异质引入传统供需模型，从需求角度将消费者选择偏好分为水平差异偏好和垂直差异偏好，并将质量引入消费者离散选择模型。

根据贝瑞（1994）构建的估计产品异质（差异化）的离散选择模型，消费者 i 对产品 j 的效用函数依赖于产品的特性和消费者偏好 U（x_j，ξ_j，p_j，v_i，θ_d），其中，x_j，ξ_j，p_j 和 θ_d 分别表示可观测的产品属性，不可观测的产品属性（以质量为主要构成的垂直差异偏好[①]），价格和消费者偏好。v_i 表示不可观测的消费者水平差异偏好。该模型的假设与同质产品效用函数的假设类似，市场是垄断竞争市场，企业是价格制定者且产品具有异质性。选择不同的效用函数（u_{ij}）和

[①]　产品的垂直差异是指，在产品空间中，消费者对质量的偏好次序是一致的，都认为较高的质量是更好的。例如，质量，消费者对质量的偏好次序是一致的，都认为较高的质量是更好的。

密度函数（v_{ij}），都将会对模型的最终结果产生重要影响。因此，消费者 i 对产品 j 的效用函数形式为：

$$u_{ij} = x_j\beta + \xi_j - \alpha p_j + v_{ij} \qquad (3.1)$$

在式（3.1）中，v_{ij} 表示消费者 i 对产品 j 的水平差异偏好。基于消费者效用随机分布的假设，v_{ij} 的均值为 0。因此，产品 j 的平均效用水平为：

$$\delta_j \equiv x_j\beta - \alpha p_j + \xi_j \qquad (3.2)$$

假定水平差异偏好 $\{v_{ij}\}$ 满足极值 I 型分布，产品 j 的市场份额为：

$$s_j = \frac{\exp(\delta_j)}{\sum_{k=0}^{N} \exp(\delta_k)} \qquad (3.3)$$

在式（3.3）中，k 代表产品，在经济全球化的今天，消费者的消费选择包括国内市场和国外市场。本节以中国国内生产的同类产品作为基准产品（外部产品），并假设其平均效用标准化为 $\delta_0 = 0$，则基准产品的市场份额（外部市场份额）为：

$$s_0 = \frac{\exp(\delta_0)}{\sum_{k=0}^{N} \exp(\delta_k)} = \frac{1}{\sum_{k=0}^{N} \exp(\delta_k)} \qquad (3.4)$$

式（3.3）和式（3.4）分别取对数后相减，可得：

$$\ln(s_j) - \ln(s_0) = \delta_j \equiv x_j\beta - \alpha p_j + \xi_j \qquad (3.5)$$

由式（3.5）可知，质量 ξ_j 可由产品 j 的相对市场份额和产品价格、可观测特征反推得到。但式（3.5）忽略了消费者效用函数中的水平差异偏好 v_{ij} 对相对市场份额的影响，当市场中存在大量同类产品时，式（3.5）中的 Logit 模型在剔除产品可观测特征和价格因素后，反推得到的不可观测特征 ξ_j 可能会使质量出现有偏估计。

2. Khandelwal 嵌套 Logit 模型

坎德维尔等（2013）为了更准确地测量质量，在原有 Logit 模型中加入嵌套结构，将同一类别下的产品分组，即同一组别内的产品有相似的产品特征，消费者在组别内产品中所获得的效用相等，同一组别内的产品市场份额差异来自消费者的水平产品差异偏好而非垂直产品差异偏好，非同组别的产品相互独立。该嵌套市场份额数值，表现为同一组别内的各国产品出口量占该组别内进口国（地区）进口总量的比例。通过该嵌套 Logit 模型反推得到的质量参数，剔除了水平差异偏好对质量的影响，使得测算结果更准确。

假设一名中国消费者在中国的梨和新西兰的苹果两种水果中选择。这两种水果在各方面（如价格）都相同，并且均分市场。由式（3.5）估计，可推断两种水果质量相等。但当美国苹果进入中国市场后，市场上每种苹果的市场份额变为 1/4，而中国梨占领剩下的 1/2 市场，没有嵌套结构，即使产品的基础属性保持不变，由式（3.5）的 Logit 模型估计新西兰苹果的质量下降了一半（市场份额下降而产品价格保持不变）。但如果加入嵌套结构，嵌套 Logit 模型考虑了同类产品的内部相关偏好，因此，尽管新西兰苹果的市场份额下降，但其在同类产品内部的市场份额也在下降，因此，由嵌套 Logit 模型推断其质量保持不变。

综上所述，利用嵌套 Logit 模型测算产品质量的基本思路为，进口产品在本国的相对市场份额，是该产品价格、组别内市场份额和质量等因素的函数，由相对市场份额、产品价格和组别内市场份额可以反推得到产品质量。

为了测算中国进口农产品质量，我们使用基于贝瑞（1994）的离散选择模型，在该模型中，质量被定义为消费者偏好中的垂直产品差异偏好，即美国消费者对进口产品的平均估值。这种方法的隐含假设是，在价格一致的条件下，市场份额更高的产品质量更高。

根据数据可得性，我们使用 HS6 位码定义产品，将中国从一个国家进口的一个产品定义为一个品种，行业被定义为所有的 HS6 位码产品在 HS2 位码下进行加总而得到的结果，将农产品作为嵌套树形结构的"根部"，HS2 位码下的产品作为嵌套树形结构的"树干"，HS6 位码下的产品作为嵌套树形结构的"树枝"。我们假设消费者 n 在时间 t 对从 c 国进口的 HS 产品 h（例如，产品 ch）有偏好，并假定消费者从该产品中获得最高间接效用①，效用函数为：

$$V_{ncht} = \lambda_{1,ch} + \lambda_{2,t} + \lambda_{3,cht} - \alpha p_{cht} + \sum_{h=1}^{H} \mu_{ncht} d_{ch} + (1 - \sigma) \varepsilon_{ncht}$$

$$(3.6)$$

在式（3.6）中，参数 $\lambda_{1,ch}$ 表示消费者对产品 ch 不随时间变化的估值，$\lambda_{2,t}$ 表示消费者随时间变化但不随产品种类变化的估值，$\lambda_{3,cht}$ 表示经济学家与消费者观察到的固定效应下的品种时间偏差。因此，质量的最后一部分 $\lambda_{3,cht}$，可能与品种的单位价值（包含运输成本和关税成本）相关。

模型的水平部分，由随机分量 $\sum_{h=1}^{H} \mu_{ncht} d_{ch} + (1 - \sigma) \varepsilon_{ncht}$ 给出。假设 ε_{ncht} 服从极值 I 型分布，用于解释消费者愿意以更高的价格购买较低质量的产品品种的原因。$\sum_{h=1}^{H} \mu_{ncht} d_{ch}$ 是消费者 n 对产品 h 在 HS6 位码下的所有产品品种的共同估值 μ_{ncht} 和哑变量 d_{ch} 的交互作用，当国家 c 出口产品 h 时，d_{ch} 取值为 1。模型的水平部分构建了一个嵌套模型的框架，允许消费者 n 偏好一个产品 h 中的品种，而非所有产品的品种。例如，偏好日本进口羊毛衬衫的中国消费者，更可能偏好其他国家进

---

① 直接效用函数 U（X）的含义是，只要消费者购买（消费）各种商品的数量一定（而无论其他相关的经济变量（如价格向量 P）如何设置或变动），消费者的偏好或效用大小便唯一地确定。间接效用函数 V（P，m）的含义是，只要在消费者面对的商品价格向量 P 和消费者预算约束 m 给定的情况下，消费者在 PX = m 约束下，最大化其直接效用函数 U（X）的值，此时的最大 U（X）值即为间接效用函数 V（P，m）的函数值。在间接效用函数表示收入和价格两个变量的情况下，消费者最优消费时的效用。消费者面对的商品价格向量 P 和消费者预算约束 m 两者确定，消费者最大化其效用水平的购买消费束 X，并不要求唯一确定（虽然大多数时候是唯一确定的）。

口的羊毛衬衫而非其他棉质衬衫。嵌套 Logit 模型可以更好地度量消费者的水平差异偏好。如贝瑞（1994）所讨论的，$\sum_{h=1}^{H} \mu_{ncht} d_{ch}$ 分布是唯一分布，如果 ε 是分布极值，则服从极值 I 型分布。嵌套相关性的程度由 σ∈（0，1）控制，并假设在所有产品中相同。σ 越接近于 1，在一个分组水平下消费者对一个品种的偏好相关性，也越接近于 1；反之，当 σ 趋于 0 时，嵌套 Logit 模型会收敛到标准 Logit 模型。

外部品种出现在市场上，完善了消费者需求系统。消费者可以选择国内生产的产品品种，而非任何进口品种。如果消费者购买外部产品的效用大于购买任何进口产品的效用，则消费者会选择购买外部产品。外部产品的效用函数为：

$$\mu_{n0t} = \lambda_{1,0} + \lambda_{2,t} + \lambda_{3,0t} - \alpha p_{0t} + \mu_{n0t} + （1 - \sigma） \varepsilon_{n0t} \tag{3.7}$$

由贝瑞（1994）可知，外部品种的平均效用标准化为 0，这种规定限定了进口品种的效用估值。在此，我们将外部品种作为进口品种的国内替代。因此，我们定义外部品种市场份额为 1 减行业进口渗透率。① 时间固定效应存在，外部品种的选择只影响进口质量的绝对增长率，而非相对增长率。给定外部品种的市场份额 s_{0t}，$MKT_t = \dfrac{\sum_{ch\neq 0} q_{cht}}{1 - s_{0t}}$ 为行业规模，其中，q_{cht} 表示进口品种 ch 的数量。进口品种的市场份额为 $s_{cht} = q_{cht}/MKT_t$。

如果效用 $V_{ncht} > V_{nc'h't}$，则消费者会选择消费品种 ch，而非 c'h'。根据消费者效用随机分布假设，基于贝瑞（1994），我们在偏好方程（3.6）的基础上，计算市场份额：

$$\ln（s_{cht}） - \ln（s_{0t}） = \lambda_{1,ch} + \lambda_{2,t} - \alpha p_{cht} + \sigma\ln（ns_{cht}） + \lambda_{3,ch} \tag{3.8}$$

$\ln（s_{cht}） - \ln（s_{0t}）$ 为进口产品的相对市场份额，其中，s_{cht} 表示

---

① 进口渗透率也称进口渗透度，是衡量一国某年 j 产业（产品）在国内消费数量中进口所占比重的概念。

进口产品市场份额，由 $s_{cht} = q_{cht}/MKT_t$ 计算得出，s_{0t} 表示外部产品市场份额，由 $s_{0t} = \dfrac{q_{0t} - ex_{0t}}{q_{0t} - ex_{0t} + im_{0t}}$ 给出，其中，q_{0t} 表示中国在时间 t 的 HS6 位码下的生产数量，ex_{0t} 表示中国出口数量，im_{0t} 表示中国进口数量。进口价格 p 的计算公式为产品进口价值/进口数量。ns_{cht} 表示 t 年从 c 国进口的品种 ch 在其产品分组 h 中所占份额，即品种 ch 的嵌套市场份额。$\lambda_{1,ch}$ 表示产品固定效应，即产品种类不随时间变化的特征，$\lambda_{2,t}$ 表示时间固定效应，即随时间变化而不随产品种类变化的特征，$\lambda_{3,cht}$ 为除 $\lambda_{1,ch}$、$\lambda_{2,t}$ 之外的产品特征，可作为误差项处理。

在式（3.8）的基础上，哈拉克和肖特（Hallak and Schott, 2011）提出隐藏品种的问题，假设泰国比老挝出口更多梨，是因为泰国出口了更多未被观测到的 HS8 位码下的品种（如雪梨、香梨等）。如果泰国、老挝出口品种定价相同且市场份额相等，当我们将它们加总到可观测的 HS6 位码时，泰国的梨市场份额就会更高，则由式（3.8）计算可得，隐藏品种存在使泰国梨的质量会被明显高估。

为了避免这一问题，我们参考克鲁格曼（Krugman, 1979）的标准模型，将人口（对数）作为附加协变量纳入式（3.8），该标准模型预测一国出口产品种类的增加与该国的人口数量正向相关。加入人口变量后，用来测算在 t 年中国从 c 国进口的产品 h 的质量模型如下：

$$\ln(s_{cht}) - \ln(s_{0t}) = \lambda_{1,ch} + \lambda_{2,t} - \alpha p_{cht} + \sigma\ln(ns_{cht}) + \phi\ln pop_{ct} + \lambda_{3,cht}$$

$$(3.9)$$

在式（3.9）中，pop_{ct} 表示在 t 年国家 c 的人口数，可以用来控制产品中的隐含特征，即不同国家出口的产品具有不同的水平特征，同样，用来表示消费者对进口产品的水平差异偏好。估计的参数和回归的残差，确定了品种 ch 在时间 t 的进口质量。估计方程如下：

$$\lambda_{cht} \equiv \hat{\lambda}_{1,ch} + \hat{\lambda}_{2,t} + \hat{\lambda}_{3,cht} \qquad (3.10)$$

由式（3.9）可知，我们通过控制出口国人口规模和进口价格后，相对于其市场份额定义进口产品品种的质量。即此处的质量，是一种允许品种价格上涨而不会降低其市场份额的属性。

为了研究中国进口农产品质量升级的情况，需要定义质量前沿，即进口市场中同一 HS6 位码下产品品种的最高质量。为保证质量非负，我们先对质量进行单调变换：$\lambda_{cht}^{F} = \exp\left[\lambda_{cht}\right]$。我们将每一个 HS6 位码下的产品品种质量前沿距离定义为该品种的非负质量与该品种在 HS6 位码下最高质量的比率：

$$PF_{cht} = \frac{\lambda_{cht}^{F}}{\max_{c \in ht}\left(\lambda_{cht}^{F}\right)} \tag{3.11}$$

在式（3.11）中，$PF_{cht} \in (0, 1]$，当该品种质量越接近质量前沿时，PF_{cht} 越趋近于 1。当该品种质量越远离质量前沿时，PF_{cht} 越趋近于 0。在测度出质量之后，本章参考坎德维尔等（2013）、孙林等（2014）将进口产品质量升级定义如下：

$$\Delta\lambda_{cht} = \lambda_{cht} - \lambda_{ch,t-\Delta t} \tag{3.12}$$

在式（3.12）中，进口产品质量升级定义为 t 期中国从 c 国进口的 h 种类产品的质量 λ_{cht} 与其滞后 Δt 的质量之差。在本章研究中，取 $\Delta t = 5$，即中国在 t 年度从 c 国进口产品品种质量升级程度，为该产品品种在 t 年度的绝对质量与其上 5 个年度的绝对质量之差。

3.1.2 数据说明及数据处理

本章采用基于 HS96 版本中的 01 ~ 24 类作为农产品范围进行质量测度，样本期为 1996 ~ 2016 年的 21 年数据。其中，HS6 位码下的进出口数量、进口价值量来自联合国贸易数据库（UN Comtrade Database）。HS6 位码下的国内生产数据，主要由联合国粮食与农业组织（FAOSTAT）提供，该组织提供 HS07 版本下、HS12 版本下的生产数据，联合国渔业和水产养殖部提供 HS12 版本下的鱼类数据，缺失部分由《中国食品工业年鉴》《中国农产品加工业年鉴》补齐。相关 HS

版本数据转换代码由联合国统计司提供。① 国内生产总值（GDP）和国家人口数量（POP）来自世界银行数据库（World Bank Database）。为了剔除价格影响，本节的 GDP 选择以 2010 年为基期不变价格的 GDP。运输成本数据无法直接得到，本节参考文洋和张振华（2011）将运输成本定义为距离乘以油价，其中，距离数据来自法国 CEPII 数据库②。油价数据由美国能源信息局（U. S. Energy Information Administration）中的布伦特原油价格代替③。HS6 位码下的关税数据，来自 WITS 数据库（World Integrated Trade Solution）中的最惠国税率（MFN duty rate）。

在进行数据处理时，合并进口价值（v）、进口数量（q）、进口产品价格（p）、产品嵌套市场份额（lnns）、运输成本（lntranscost）、国内生产总值（lnGDP）、国家人口数量（lnpop）七项贸易数据，删除各个变量数据的缺失值和重复值，剔除变量为 0 的数据，最终得到 41049 个观测值。变量的描述性统计结果，如表 3. 1 所示。

本节根据样本数据，绘制了方程（3.9）中解释变量与被解释变量的散点图，相对市场份额与各解释变量关系的散点，见图 3. 1。图 3. 1（a）、图 3. 1（b）、图 3. 1（c）分别为中国进口农产品的相对市场份额与产品进口价格、嵌套市场份额、出口国人口数量关系的散点图。由图可知，产品相对市场份额与产品进口价格呈负相关，与嵌套市场份额、出口国人口数量呈正相关。通过散点图显示预期解释变量与被解释变量之间的相关性，也印证了在原模型中加入嵌套市场份额及使用出口国人口数量解决"隐藏"品种问题的必要性。

---

① 联合国统计司 . https：//unstats. un. org/unsd/classifications/business – trade/correspondence. asp.

② 法国 CEPII 数据库 . http：//www. cepii. fr/CEPII/en/bdd_ modele/bdd. asp.

③ 美国能源信息局 . https：//www. eia. gov/dnav/pet/hist/LeafHandler. ashx？n = PET&s = RBRTE&f = A.

表 3.1　　　　　　　　　变量的描述性统计结果

变量	Obs	Mean	SD	Min	Max
进口数量（q）	41049	5.36e+07	4.75e+09	1.000	6.81e+11
进口价值（v）	41049	7.05e+06	3.72e+07	1.000	1.64e+09
市场份额（lns）	41049	-24.954	6.472	-45.177	-1.325
外部市场份额（lns0）	41049	-0.023	0.145	-7.533	-0.000
产品价格（lnp）	41049	0.646	1.163	-9.081	8.772
嵌套市场份额（lnns）	41049	-9.382	3.564	-25.794	-0.023
运输成本（lntranscost）	41049	12.541	1.001	9.409	14.583
国内生产总值（lnGDP）	41049	27.026	1.736	19.753	30.458
人口数量（lnpop）	41049	17.211	1.541	10.935	21.004

资料来源：联合国商品贸易数据库（UN Comtrade Database）、世界银行数据库（World Bank Database）等。

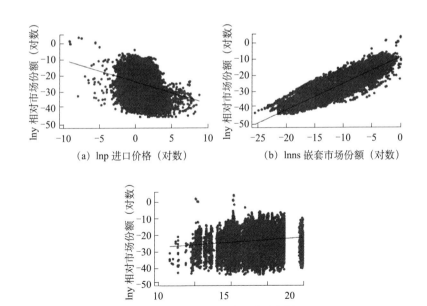

（a）lnp 进口价格（对数）　　　　　（b）lnns 嵌套市场份额（对数）

（c）lnpop 出口国人口数（对数）

图 3.1　相对市场份额与各解释变量关系的散点

资料来源：笔者根据表 3.1 中的数据绘制而得。

3.1.3　工具变量的选取

$\lambda_{3,cht}$ 可能在产品品种进口价格对数 lnp 和嵌套市场份额 ns_{cht} 之间存在内生性问题，这和解释变量与随机扰动项不相关的既定假设相违背。内生性问题的存在，会导致系数估计有偏且不一致，因此，我们采用工具变量解决这一问题。本节借鉴坎德尔维尔等（2013）的做法，使用产品运输成本作为价格的工具变量，运输成本与价格显著相关。但如果公司运输更高质量的商品，是为了降低单位运输成本，则运输成本可能与质量相关，即存在"华盛顿苹果"效应（该效应假定质量越好，运输距离越远）。参考赫缪尔斯和斯可巴（Hummels and Skiba, 2004）关于"华盛顿苹果"效应的研究结果，运输成本与国家产品效应 $\lambda_{1,ch}$ 和时间固定效应 $\lambda_{2,t}$ 相关，与误差项 $\lambda_{3,cht}$ 不相关，因此，可以用运输成本作为进口价格的工具变量。

关于嵌套市场份额 ns_{cht} 和误差项 $\lambda_{3,cht}$ 之间的内生性问题，参考赫缪尔斯和斯可巴（2004）、董银果和黄俊闻（2016），采用国家 c 出口的种类数作为工具变量，该工具变量与嵌套市场份额相关 ns_{cht}，而与 $\lambda_{3,cht}$ 无关。

3.1.4　计算方法与实证结果

1. 工具变量的选取与实证分析

本章采用面板数据测度中国进口农产品质量，需要进行模型选择，即固定效应模型（fixed effect model）或随机效应模型（random effect model）。我们采用豪斯曼（Hausman）检验来确定分析模型。豪斯曼（Hausman）检验的基本思想是，在固定效应与其他解释变量不相关的原假设下，使用 OLS 估计固定效应模型和使用 GLS 估计随机效应模型所得到的参数估计都是无偏且一致的，但前者不具有有效性。若原假设不成立，则固定效应模型的参数估计仍然是一致的，随机效应模型则相反。因此，在原假设下，二者的参数估计差异不大，可以基于二者参数估计的差异构造统计检验量。豪斯曼（Hausman）检验结果，如表 3.2 所示。

表 3.2 豪斯曼（Hausman）检验结果

变量	Fixed effect	Random effect
lnp	−0.2916 *** (−27.94)	−0.2061 *** (−21.59)
lnns	1.6981 *** (395.44)	1.6961 *** (429.46)
lnpop	2.9667 *** (27.34)	0.1530 *** (7.71)
Obs	41049	41049
R^2	0.8515	0.8484
Hausman 检验	chi2（3）= 857.23 Prob > chi2 = 0.0000	

注：***、**、* 分别表示在 1%、5% 和 10% 的水平上显著，括号内数字代表 t 值。
资料来源：笔者根据式（3.9）计算整理而得。

从表 3.2 中可以看出，豪斯曼（Hausman）检验的结果在 1% 的显著性上拒绝了原假设，因此，本章采用面板数据固定效应模型进行实证估计更为合理，又参考坎德维尔等（2013）、董银果和黄俊闻（2016）的做法，分别采用国内生产总值（GDP）和人口总数（POP）对式（3.9）进行回归。

不同组回归估计结果比较分析，见表 3.3。从表中可以看出，回归模型（1）表示，将各国的人口总数（POP）作为控制不同国家进口产品的水平种类差异的变量进行固定效应估计。回归模型（2）表示，将各国的国内生产总值（GDP）作为控制不同国家进口产品水平种类差异的变量进行固定效应估计。回归模型（3）表示，将各国的人口总数（POP）作为控制不同国家进口产品水平种类差异的变量，并使用工具变量法（IV）进行固定效应估计。回归模型（4）表示，将各国的国内生产总值（GDP）作为控制不同国家进口产品的水平种类差异变量，并使用工具变量法（IV）进行固定效应估计。

表 3. 3   不同组回归估计结果比较分析

自变量	回归模型（1） FE/POP	回归模型（2） FE/GDP	回归模型（3） IVFE/POP	回归模型（4） IVFE/GDP
lnp	− 0. 2916 *** （− 27. 94）	− 0. 3231 *** （− 31. 01）	2. 2644 *** （9. 76）	3. 0409 *** （9. 49）
lnns	1. 6981 *** （395. 44）	1. 6924 *** （396. 75）	2. 3893 *** （17. 57）	2. 0998 *** （18. 30）
lnpop	2. 9667 *** （27. 34）		− 5. 4301 *** （− 8. 20）	
lngdp		1. 2135 *** （35. 44）		− 2. 2685 *** （− 7. 34）
Obs	41049	41049	38302	38302
R^2	0. 8515	0. 8537	0. 5522	0. 3901
F	5933. 87	6032. 79	415. 82	315. 30
Anderson-test			LM = 133. 897 （Prob = 0. 0000）	LM = 81. 177 （Prob = 0. 0000）

注：***、**、*分别表示在1%、5%和10%的水平上显著，括号内数字代表 t 值。
资料来源：笔者根据表 3.1 中的数据利用式（3.9）计算整理而得。

本章采用安德森（Anderson，1951）的 LM 统计量进行工具变量的不可识别检验，由表 3.3 可知，LM 统计量在 1% 的显著性水平上拒绝原假设。这意味着，可以使用工具变量法进行固定效应面板数据模型的参数估计。

从表 3.3 中的回归结果可以看出，在四个回归模型中，进口产品组别内市场份额 lnns 与进口产品在进口国市场上的市场份额呈现显著正相关。这说明，对于进口国来说，同一进口品种在该产品品种中的组别内份额越大，在进口国市场上的竞争力就越强，市场份额越大。

价格 lnp 在采用进口产品种类数与进口产品运输成本作为工具变量的面板数据固定效应模型中的回归系数，比未采用工具变量的面板数据固定效应模型中的回归系数显著升高。这是因为未采用工具变量法的面板数据固定效应模型将质量对市场份额的影响也算入了价格的影响之中，而工具变量的使用弥补了这一缺陷，因此，导致价格对进口产品在进口国内市场份额的负向作用降低。

2. 质量测度与国际比较

由表 3.2 和表 3.3 的回归结果可知，采用面板固定效应模型和嵌套 Logit 模型进行质量测算的模型拟合优度为 85.15%，具有较大的合理性。因此，我们按照式（3.9）的质量测度方程，运用 Stata15.0 软件计算得到了 1996 年、2000 年、2004 年、2008 年、2012 年、2016 年在 HS2 位码下的中国进口农产品绝对质量，[①] 见表 3.4。

表 3.4　　1996 年、2000 年、2004 年、2008 年、2012 年、2016 年在 HS2 位码下的中国进口农产品绝对质量

HS2 位码下的农产品分类	1996 年	2000 年	2004 年	2008 年	2012 年	2016 年
1：活动物	−25.8	−23.9	−21.8	−29.5	−34.0	−30.0
2：肉及食用杂碎	−20.0	−19.3	−20.4	−21.2	−21.2	−21.0
3：鱼、甲壳动物及无脊椎动物	−18.6	−17.8	−17.1	−16.7	−16.9	−16.4
4：乳品/蛋品/蜂蜜等	−18.6	−19.9	−20.9	−20.6	−20.5	−18.9
5：其他动物产品	−17.8	−18.2	−17.2	−18.7	−17.1	−17.1
6：活植物/根及类似品/插花饰品	—	—	−18.7	−18.4	−20.9	−19.4
7：食用蔬菜、根及块茎	−18.5	−17.0	−17.1	−16.2	−16.5	−16.8
8：水果及坚果/甜瓜或柑橘属果皮	−19.9	−18.7	−18.4	−17.7	−18.2	−18.6
9：咖啡、茶及调味香料	−18.8	−18.2	−17.5	−17.4	−17.7	−17.7
10：谷物	−22.5	−16.2	−19.0	−19.6	−22.2	−22.6

① 数据较多，本章仅选取部分数据展示。

续表

HS2 位码下的农产品分类	1996 年	2000 年	2004 年	2008 年	2012 年	2016 年
11：制粉加工品/麦芽/淀粉/面筋等	−21.7	−20.6	−20.1	−19.5	−20.9	−21.2
12：含油籽、籽仁等/工业或药用植物	−19.8	−19.4	−18.8	−18.9	−20.1	−20.3
13：虫胶/树胶及其他植物液、汁	−26.8	−26.0	−24.2	−24.8	−24.1	−24.1
14：编结植物材料/其他植物产品	—	—	—	—	—	—
15：动、植物油、脂及其分解产品	−19.1	−20.4	−20.9	−19.9	−19.7	−19.8
16：肉、鱼、甲壳动物等制品	−18.8	−18.4	−17.6	−17.5	−17.4	−17.5
17：糖和糖果	−21.4	−20.7	−20.0	−19.1	−19.0	−20.8
18：可可及可可制品	—	—	—	—	—	—
19：谷物、粮食、淀粉加工品等	−20.7	−19.2	−18.9	−19.2	−19.7	−20.0
20：蔬菜、水果、坚果等	−16.5	−15.3	−15.5	−14.8	−16.0	−16.1
21：杂项食品	−21.4	−20.6	−19.4	−19.0	−18.6	−18.9
22：饮料、酒及醋	−8.3	−11.6	−11.9	−9.7	−23.7	−13.9
23：食品工业残渣废料/动物饲料	−16.7	−16.8	−16.7	−16.1	−16.9	−16.5
24：烟草及烟草代用品的制品	−18.5	−21.2	−21.0	−20.9	−21.0	−20.9

注：a. HS2 位码下的进口农产品质量由 HS6 位码下的质量加权而得；b. "—"表示数据缺失。

资料来源：联合国商品贸易数据库（UN Comtrade Database）和联合国粮农组织数据库（FAO Database）。

从表 3.4 中可以看出，22 类饮料、酒及醋的进口农产品质量最高，01 类活动物的进口农产品质量最低，这符合中国居民消费结构的需求。中国一直是酒类消费大国。据国家统计局的相关数据显示，2017 年，中国的 22 类饮料、酒及醋分类代码下的进口金额高达 52.88 亿美元。中高端葡萄酒以及啤酒，是目前进口需求量最大的两类酒种。从表 3.4 中可以看出，自 1996 年以来，中国进口酒类的质量呈降低趋势，这与目前进口酒需求加大，低端酒打入市场有关。2012 年，中国进口酒类质量达到最低，原因在于，2012 年热浪天气影响欧洲尤其是法国葡萄种植业，葡萄产量达过去十年最低，导致中国进口酒类质量严重下降。2001 年、2008 年、2016 年，中国进口农产品质量总体上呈逐步上升趋势，其中，03 类鱼、甲壳动物及无脊椎动物质量提高速度最快，在样本期内提高了 12%，其余类别产品平均上升速度为 7%。但少数如 01 类活动物、02 类肉及食用杂碎、12 类含油籽、籽仁等/工业或药用植物、22 类饮料、酒及醋以及 24 类烟草及烟草代用品的制品进口质量出现逐步下滑现象，其中，22 类饮料、酒及醋下降最多，达 67%左右。这可能与中国居民收入水平提高，对产品品种需求加大，导致一些低端进口产品打入市场有关。

为了研究中国进口农产品在 1996～2016 年的质量升级情况，本章基于式（3.12）计算了中国进口农产品质量升级情况。滞后阶数会导致样本期减少，2001 年、2008 年、2016 年中国进口农产品质量升级程度对比，见表 3.5。

表 3.5   2001 年、2008 年、2016 年
中国进口农产品质量升级程度对比

HS2 位码下的农产品分类	模型（1）			模型（2）		
	2001 年	2008 年	2016 年	2001 年	2008 年	2016 年
1：活动物	− 0.9	− 2.5	− 2.0	2.7	− 8.6	− 7.4
2：肉及食用杂碎	− 0.1	− 0.2	− 0.3	0.2	− 1.0	0.1
3：鱼、甲壳动物及无脊椎动物	0.4	− 0.2	0.6	1.4	− 0.4	0.5
4：乳品/蛋品/蜂蜜等	0.1	− 0.4	1.5	− 2.9	0.3	2.4

续表

HS2 位码下的农产品分类	模型（1）			模型（2）		
	2001 年	2008 年	2016 年	2001 年	2008 年	2016 年
5：其他动物产品	0.2	− 0.6	0.9	0.1	− 0.8	0.5
6：活植物/根及类似品/插花饰品	—	0.2	0.5	—	0.5	0.8
7：食用蔬菜、根及块茎	0.1	− 0.1	− 0.1	1.4	0.3	− 0.2
8：水果及坚果/甜瓜或柑橘属果皮	− 0.3	0.0	0.3	1.6	0.9	− 0.2
9：咖啡、茶及调味香料	0.3	− 0.1	0.2	0.9	0.1	0.1
10：谷物	− 1.1	− 3.0	0.8	3.5	− 5.3	− 0.2
11：制粉加工品/麦芽/淀粉/面筋等	− 0.6	− 0.3	0.4	—	0.9	− 0.4
12：含油籽、籽仁等/工业或药用植物	− 0.1	0.1	0.1	0.5	0.0	− 0.3
13：虫胶/树胶及其他植物液、汁	− 0.2	− 0.5	0.2	0.5	0.9	0.0
14：编结植物材料/其他植物产品	—	—	—	—	—	—
15：动、植物油、脂及其分解产品	− 0.1	0.0	0.1	− 1.1	1.6	− 0.3
16：肉、鱼、甲壳动物等制品	0.2	− 0.4	0.1	1.0	0.3	− 0.2
17：糖和糖果	− 0.4	0.0	0.6	− 0.4	1.6	− 2.1
18：可可及可可制品	—	—	—	—	—	—
19：谷物、粮食、淀粉加工品等	0.1	− 0.1	0.0	1.8	0.0	− 0.5
20：蔬菜、水果、坚果等	− 0.2	0.2	0.4	1.4	1.1	− 0.2

HS2 位码下的 农产品分类	模型（1）			模型（2）		
	2001 年	2008 年	2016 年	2001 年	2008 年	2016 年
21：杂项食品	0.3	0.0	0.2	1.3	0.7	0.1
22：饮料、酒及醋	− 0.1	3.7	0.0	− 3.2	2.5	0.1
23：食品工业残渣废料/动物饲料	− 0.2	− 0.2	0.2	− 0.4	0.5	0.6
24：烟草及烟草代用品的制品	− 0.3	− 0.8	0.3	− 2.1	− 0.3	− 0.9

注：a. 模型（1）表示进口产品滞后一期的质量升级程度；模型（2）表示进口产品滞后五期的质量升级程度。b. HS2 位码下的进口农产品质量升级程度由 HS6 位码下的质量升级程度简单平均而得。c. "—"表示数据缺失。

资料来源：联合国商品贸易数据库（UN Comtrade Database）和联合国粮农组织数据库（FAO Database）。

如表 3.5 所示，与滞后一期相比，中国进口农产品滞后五期的质量升级更为明显，变动幅度更大，更能体现一国农产品质量升级程度。同时，质量升级变化需要一定的滞后性才能体现，因此，在后续研究中，我们将中国在 t 年度从 c 国进口产品品种质量升级程度定义为该产品品种在 t 年度的绝对质量与其上 5 年度的平均绝对质量之差。同时，质量前沿邻近程度也取滞后五期的差值。中国进口农产品质量在过去 20 年内普遍提升，其中，04 类乳品/蛋品/蜂蜜等农产品质量升级程度最高，约为 2.4，这与中国居民消费结构不断优化有关。01 类活动物、24 类烟草及烟草代用品的制品质量升级程度明显下滑，其中，01 类活动物下滑程度最大，约为 7.4。这与表 3.4 中的中国进口农产品绝对质量测度结果相对应。22 类饮料、酒及醋虽然进口绝对质量下降幅度最大，但其进口质量水平较高，且进口需求逐年加大，因此，存在一定的质量升级。

绝对质量变化反映中国进口农产品品种的质量变化，为了更好地进行国际比较，本章参考陈容和许和连（2017）对质量进行标准化处理：

$$\lambda'_{cht} = \frac{\lambda_{cht} - min\lambda_{ht}}{max\lambda_{ht} - min\lambda_{ht}} \qquad (3.13)$$

在式（3.13）中，$max\lambda_{ht}$、$min\lambda_{ht}$ 分别为 HS6 位码下的进口农产品品种在所有年度、所有进口国层面上的质量最大值和质量最小值。该标准化质量指标位于 0~1 区间。我们在进口品种的贸易价值量层面对其进行加总，得到中国进口农产品的总体质量，从而可以进行跨期、跨界面比较。加总指标为：

$$\hat{\lambda}_{cht} = \frac{v_{cht}}{\sum v_{cht}} \lambda'_{cht} \qquad (3.14)$$

在式（3.14）中，$\hat{\lambda}_{cht}$ 表示每一农产品品种的加权质量，v_{cht} 表示中国在 t 年从 c 国进口农产品品种的贸易价值量，$\sum v_{cht}$ 表示中国每年进口农产品的贸易价值量总和。1996~2016 年中国进口农产品标准化质量变化趋势，见图 3.2。

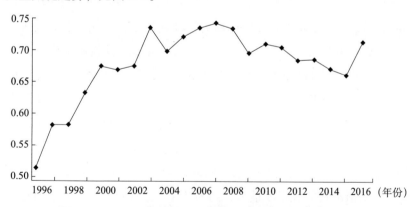

图 3.2　1996~2016 年中国进口农产品标准化质量变化趋势

资料来源：笔者根据表 3.4 中的数据整理计算绘制而得。

从图 3.2 可知，中国进口农产品质量在 1996~2016 年总体呈上升趋势，2003~2004 年呈现明显的倒 "U" 型变化。这可能与中国刚加入 WTO 有关。进口农产品质量自 1996 年持续波动上升，并在 2007 年达到最高值，约为 0.75。2008~2015 年，中国进口农产品质量波动下降，呈现降中有升的态势。出现这一变化的原因，可能与 2008 年金融危机有关。2008 年金融危机以来，全球经济持续处于低迷状态，经济增长乏力，国际贸易增长率的下降延缓了经济复苏的步伐，导致全球贸易保护主义开始抬头，贸易摩擦和贸易纠纷加剧。同时，中国经济增速放缓，限制了国内的消费需求。同时，中国市场对外开放程度逐渐加大，大量进口产品涌入市场，进口产品种类不断丰富，进口产品质量有所下降。

为了更好地了解中国从世界各国进口农产品的质量情况，本章选取 29 个国家进行国际比较。以 2016 年中国进口农产品价值为例，本章发达国家样本选取美国、日本、韩国、加拿大、俄罗斯、西班牙、英国、荷兰、澳大利亚、法国，其中，中国 2016 年从发达国家进口的农产品贸易价值量占 2016 年中国进口农产品价值量的约 78%，并且，排名均在前 15 位，是中国进口农产品贸易中具有代表性的国家。发展中国家分为与中国贸易价值量较大和较少的两组，其中，与中国贸易价值量较大的国家，包括印度尼西亚、泰国、越南、马来西亚、巴西、阿拉伯联合酋长国、菲律宾、墨西哥、智利、波兰，占中国 2016 年进口价值量的 15% 左右。与中国贸易价值量较小的国家有秘鲁、格鲁吉亚、约旦、斐济、立陶宛、尼泊尔、塞内加尔、尼日利亚、坦桑尼亚，占 2016 年价值量的约 1%。样本选择较为全面，具有较好的代表性，1996 ~ 2016 年中国从 29 国进口农产品的平均绝对质量和平均标准化质量，见表 3.6。

表 3.6　　　　　　1996 ~ 2016 年中国从 29 国进口农产品的
平均绝对质量和平均标准化质量

序号	国家	平均绝对质量	平均标准化质量	平均质量升级速度
1	美国	− 18.6128	0.1229	0.0874
2	日本	− 17.7556	0.2236	0.0389
3	韩国	− 17.2727	0.0746	0.1304
4	加拿大	− 17.4903	0.0154	− 0.0685

续表

序号	国家	平均绝对质量	平均标准化质量	平均质量升级速度
5	俄罗斯	−18.3624	0.0098	−0.0032
6	西班牙	−17.5390	0.0123	−0.0387
7	英国	−17.8058	0.0128	0.0092
8	荷兰	−17.4289	0.0105	−0.1826
9	澳大利亚	−17.5396	0.0104	0.1933
10	法国	−18.0944	0.0086	−0.1269
11	智利	−17.8672	0.0006	0.2733
12	印度尼西亚	−21.6896	0.0065	0.0882
13	马来西亚	−17.9343	0.0124	0.0219
14	墨西哥	−10.5882	0.0023	−0.1088
15	菲律宾	−18.4811	0.0022	−0.0273
16	波兰	−15.1560	0.0044	−0.5068
17	越南	−17.0480	0.0053	0.0463
18	巴西	−14.3416	0.0015	−0.1544
19	泰国	−14.5472	0.0116	0.0307
20	阿拉伯联合酋长国	−14.4913	0.0041	−2.2222
21	斐济	−11.0056	0.0001	−0.1469
22	格鲁吉亚	−14.7941	0.0000152	—
23	约旦	−12.2899	0.0004	−0.1856
24	立陶宛	−19.9913	0.0000744	0.1191
25	尼泊尔	−20.3535	0.0002	−0.4696
26	尼日利亚	−17.7380	0.0026	−0.4520
27	秘鲁	−20.9538	0.0002	0.2024
28	塞内加尔	−19.1158	0.0002	1.5332
29	坦桑尼亚	−19.6780	0.00000829	−0.7838

注：平均绝对质量和平均标准化质量，为简单平均而得。

资料来源：联合国商品贸易数据库（UN Comtrade Database）和联合国粮农组织数据库（FAO Database）。

在样本期内，中国从发达国家进口的贸易价值量最大，农产品进口平均标准化质量相对较高，但平均绝对质量和平均质量升级速度却稍有欠缺。

从表 3.6 中可以看出，墨西哥是进口农产品平均绝对质量最高的国家，达到 –10.5882，斐济、约旦、巴西、泰国次之，而美国、日本、韩国等发达国家的进口农产品平均绝对质量并不算高。这说明，农产品出口大国不一定是农产品出口强国。这主要和农产品行业的地域特殊性有关。中国主要从墨西哥进口肉、鱼、甲壳动物等制品、调味香料、谷物加工品、蔬菜、坚果和水果加工品以及动物饲料等产品。同时，塞内加尔的平均质量升级速度在样本国内最快，达到 1.5332，智利、秘鲁、澳大利亚、韩国次之。这可能与出口国的国内农业政策和发展环境有关。农业在塞内加尔、智利、秘鲁、澳大利亚等国都是经济支柱产业，农业发展环境较好。虽然韩国农业资源禀赋非常稀缺，但其近年来加大农业市场开放力度，对农产品出口起到一定的促进作用。

3.1.5 研究结论

本节通过建立嵌套 Logit 模型对 1996～2016 年样本期间内中国进口农产品 HS6 位码下的平均质量进行测算，并在此基础上加总得到农产品总体质量。接着，通过对农产品质量升级滞后阶数进行对比，将质量升级定义为该产品品种在 t 年度的绝对质量与其上 5 年度的平均绝对质量之差。为了更好地了解中国从世界各国进口农产品的质量情况，本章选取 29 个国家进行国际比较，并得出以下三个结论。

（1）中国进口农产品质量在 1996～2016 年总体上呈上升趋势，其中，2003～2004 年呈现明显的倒"U"形变化，2008～2015 年，中国进口农产品质量波动下降，呈现降中有升的态势。这说明，中国进口农产品质量在不断提高。

（2）在细分种类的进口农产品质量层面上，中国的 22 类饮料、酒及醋的进口产品质量最高，01 类活动物的进口质量最低，这符合中国当前居民消费结构的需求。

（3）从产品质量升级情况来看，中国进口农产品质量在过去 20 年内普遍提升，其中，04 类乳品/蛋品/蜂蜜等农产品质量升级程度最高，而 01 类活动物、24 类烟草及烟草代用品的制品质量升级程度明显下滑，其中，01 类活动物下滑程度最大。

从 29 个样本国之间的比较分析来看，中国从发达国家进口的贸易价值量最大，进口农产品平均标准化质量相对较高，但平均绝对质量和平均质量升级速度却稍有欠缺。

3.2 进口关税、质量边界与中国进口农产品质量

3.2.1 变量选择

1. 被解释变量

本节的被解释变量是农产品质量升级程度，定义为单一产品品种 h 在 t 年度的绝对质量与其上 5 年度的平均绝对质量之差，数据由 3.1 节的式（3.12）测算得到，在此不再赘述。

2. 核心解释变量

本章的核心解释变量，是 HS6 位码下的中国进口关税数据。本章参考坎德维尔等（2013），使用样本数据中每个国家的进口关税来衡量中国进口农产品市场的竞争环境。该方法的内在逻辑是，进口国关税的降低意味着市场自由化进程加快。关税数据来源于 WITS 数据库①。

3. 其他解释变量

进口产品质量前沿邻近程度（$PF_{ch,t}$）由 3.1 节的式（3.11）测算

---

① WITS 数据库（https：//wits.worldbank.org/）。

得到。考虑到进口产品质量升级还会受到其他因素影响，本章参考陈丰龙和徐康宁（2016）、熊立春和程宝栋（2018），将农业增加值（lnzjz）、人均 GDP（lngdp）、对外开放度（lnopen）作为控制变量，数据均来源于世界银行数据库[①]。变量的描述性统计结果，如表 3.7 所示。

表 3.7　　　　　　　　　变量的描述性统计结果

变量	样本量	均值	标准差	最小值	最大值
进口关税（tariff）	33020	20.00439	13.5835	2	121.6
质量边界（$PF_{ch,t}$）	33020	0.1352333	0.1865437	$2.76e-13$	1
农业增加值（lnzjz）	30919	23.11772	2.200138	16.93781	26.57259
人均 GDP（lngdp）	33020	9.819618	1.196701	5.71349	11.59522
对外开放度（lnopen）	33015	4.218809	0.838256	2.585808	6.040165

资料来源：笔者根据世界银行数据库（World Bank Database）的相关数据，运用式（3.11）计算整理而得。

3.2.2　模型构建

阿吉翁等（Aghion et al.，2005，2009）实证研究表明，竞争与创新之间存在非单调关系，竞争对创新的影响取决于企业拥有的技术是否接近于世界技术前沿，并在此基础上构建了前沿距离模型。该模型将市场上的企业分为三种类型：第一种类型的企业位于世界技术前沿边界，即 $A_{t-1}(i)=\overline{A}_{t-1}$；第二种类型的企业落后于世界技术前沿边界一步，即 $A_{t-1}(i)=\overline{A}_{t-2}$；第三种类型的企业落后于世界技术前沿边界两步，即 $A_{t-1}(i)=\overline{A}_{t-3}$。其中，$A_t(i)$ 表示与投入 i 有关的生产率，每一周期 t 结束时的世界技术前沿由技术参数 $\overline{A}_t$ 表示，该参数以外生速率 $\gamma-1>0$ 增长。创新的存在允许第一种类型的企业以 γ 的速率提高生产率，始终位于世界技术前沿边界，而第二种类型企业的

[①]　世界银行数据库（World Bank Database）网址：http://data.worldbank.org.cn/。

生产率、第三种类型企业的生产率，也以相同速率 γ 提高。前沿距离模型不允许企业实现跳跃式发展，必须一步步进行升级，即不会同时存在两家第一种类型的企业或两家第二种类型的企业。

当竞争加剧时，第一种类型的企业如果不保持创新，就会失去位于世界技术前沿边界的地位，因此，企业往往会通过不断创新来避免潜在威胁者的进入，即规避竞争效应。相反，位于第二种类型的企业、第三种类型的企业则很少会创新，创新的最好结果是赶上竞争对手，获得零利润（伯特兰德竞争），即负向激励效应。

前沿距离模型的理论基础是熊彼特增长理论，该理论指出，市场进入威胁会通过内部因素影响创新。企业创新，包括开发新生产技术、研发新产品和现有产品的质量升级等。但同时衡量这几种因素过于复杂，且各国间对比数据较为缺乏，因此，坎德维尔等（2013）在前沿距离模型的基础上，使用现有产品的质量升级代表创新，将市场潜在进入者的进入成本（市场竞争环境）使用关税内生化，衡量了关税对美国不同进口产品质量升级的影响，同时，竞争与创新之间的非单调关系取决于进口产品质量与世界前沿的距离。本章借鉴坎德维尔等（2013）的做法，同样使用产品质量升级代表创新，关税代表市场竞争环境，竞争与创新之间的非单调关系取决于进口产品质量的质量前沿邻近程度，基于前沿距离模型，坎德维尔等（2013）、董银果（2018）使用产品进口关税、质量前沿邻近程度和两者的交互作用，来衡量进口关税对一国产品质量升级的影响。模型如下：

$$\Delta\ln\lambda_{cht}^{F} = \theta_{ch} + \theta_t + \alpha_1 PF_{ch,t-5} + \alpha_2 tariff_{ch,t-i} + \alpha_3 (PF_{ch,t-5}$$
$$\times tariff_{ch,t-i}) + \ln zjz + \ln gdp + \ln open + \varepsilon_{cht} \quad (3.15)$$

在式（3.15）中，被解释变量 $\Delta\ln\lambda_{cht}^{F}$ 表示进口产品在 t 期和 t−5 期之间的质量差值，$PF_{ch,t-5}$ 表示滞后 5 期的质量前沿邻近程度，$tariff_{ch,t-i}$ 表示滞后 i 期的进口关税，$PF_{ch,t-5} \times tariff_{ch,t-i}$ 表示质量前沿邻近程度滞后 5 期与进口关税滞后 i 期的交互项。$\ln zjz$ 表示农业增加值，

lngdp 表示人均 GDP，lnopen 表示出口国贸易开放程度，用出口国的进出口贸易总额与该国的 GDP 比值表示。θ_{ch} 为国家—产品固定效应，代表 c 国出口 h 产品中不随时间变化的部分。θ_t 为时间固定效应，代表产品中随时间变化但不随产品种类变化的部分，ε_{cht} 为不可观测的误差项。

3.2.3 实证分析

1. 关税滞后期数对中国进口农产品质量升级的影响

关税政策改变后，通常需要一定的缓冲期才开始正式实施，且关税措施对产品质量升级的影响需要一定的滞后期才能显现。因此，在式（3.15）中，分别采用滞后一期、滞后三期、滞后五期的关税，衡量关税变化对中国进口农产品质量升级的影响。关税滞后不同期数对中国进口农产品质量升级的影响的回归结果，见表 3.8。

表 3.8　关税滞后不同期数对中国进口农产品质量升级的影响的回归结果

变量	（1） 滞后一期	（2） 滞后三期	（3） 滞后五期
$PF_{ch,t-5}$	− 3.6131 *** （− 18.79）	− 3.4905 *** （− 19.90）	− 2.9870 *** （− 16.82）
lnzjz	− 0.5899 *** （− 4.38）	− 0.7781 *** （− 6.13）	− 0.5622 *** （− 4.33）
lngdp	1.5083 *** （7.12 ）	1.3826 *** （6.86 ）	1.3398 *** （6.82）
lnopen	0.4621 *** （3.41）	0.1022 （0.80）	0.3271 *** （2.61）
$tariff_{ch,t-1}$	− 0.0145 *** （− 4.41）		
$PF_{ch,t-5} \times tariff_{ch,t-1}$	− 0.0052 （− 0.73）		
$tariff_{ch,t-3}$		0.0001 （0.05）	
$PF_{ch,t-5} \times tariff_{ch,t-3}$		− 0.0223 *** （− 3.61 ）	

续表

变量	（1） 滞后一期	（2） 滞后三期	（3） 滞后五期
$\text{tariff}_{ch,t-5}$			0.0070 *** （3.85）
$PF_{ch,t-5} \times \text{tariff}_{ch,t-5}$			− 0.0403 *** （− 6.66）
_ cons	− 1.8504 （− 0.44）	4.6378 （1.16）	− 0.9252 （− 0.24）
θ_{ch}	YES	YES	YES
θ_t	YES	YES	YES
Obs	33020	33020	33020
R^2	0.2837	0.3056	0.2751

注：***、**、*分别表示在1%、5%和10%的水平上显著，括号内数字代表 t 值。
资料来源：笔者利用表3.1中的数据根据式（3.10）和式（3.11）计算整理而得。

表3.8 的回归结果显示，质量前沿距离 $PF_{ch,t-5}$ 的系数 α_1 在进口关税滞后一期、滞后三期、滞后五期的情况下，都在 1% 的显著性水平上为负，表明质量前沿邻近程度较低的产品品种（$PF_{ch,t-5}$ 趋于 0）会比质量前沿邻近程度较高的产品（$PF_{ch,t-5}$ 趋于 1）经历更快的质量升级，这意味着质量趋同。这与现实情况相符，农产品质量较低的国家总是比农产品质量较高的国家质量提升更快，上升空间更大。一旦两者质量出现趋同，则需要创新和升级打破均衡，只有质量邻近程度较高的国家可以做到。

进口关税滞后一期的系数在 1% 的显著性水平上为负，滞后三期的系数为正但不显著，滞后五期的系数则在 1% 的显著性水平上为正。这意味着，在短期内关税降低会促进产品质量升级，但在长期内关税越低可能越不利于质量前沿邻近程度较低的产品提高质量以完成质量升级。

质量前沿距离（滞后五期）与关税滞后 i 期的交互系数在滞后一期不显著，而滞后三期、滞后五期则在 1% 的显著性水平上为负。这意味着，当中国进口关税水平提高时，趋近于质量前沿的农产品质量水平较高，市场份额较稳定，成本压力相对较小，会导致创新水平下降（即质量升级水平相对降低），这是基于逃离竞争效应的反面情况。相反，远离质量前沿农产品的产品成本大幅上升，竞争压力加大，则会加速创新，加快质量升级速度，这是基于负向激励效应的反面情况。这与坎德维尔等（2013）的结论一致。

进口关税 $tariff_{ch,t-i}$ 的估计参数 $\alpha_2 > 0$ 和 $PF_{ch,t-5} \times tariff_{ch,t-i}$ 的估计参数 $\alpha_3 < 0$ 说明，只有当产品品种质量接近世界质量前沿时（$PF_{ch,t-5}$ 趋于1），进口关税下降才会促使该品种后期质量持续升级，这与上述讨论的规避竞争效应一致。相反，如果产品品种质量远离世界质量前沿，长期进口关税降低将阻碍产品质量升级，这与上述讨论的负向激励效应相一致。这意味着，关税和质量升级之间存在非单调关系。

其他解释变量的回归结果显示：（1）出口国农业增加值（lnzjz）在进口关税滞后一期、滞后三期和滞后五期的情况下都在 1% 的水平上显著为负。这表明，出口国农业增加值越大，越不利于农产品质量升级。（2）出口国人均 GDP（lngdp）在进口关税滞后一期、滞后三期和滞后五期的情况下，都在 1% 的显著性水平上为正。这表明，出口国人均 GDP 显著正向作用于中国进口产品质量升级。（3）出口国贸易开放程度（lnopen）在进口关税滞后一期和滞后五期的情况下显著为正。这表明，出口国贸易开放程度显著正向作用于中国进口产品质量升级。

表 3.8 中进口关税滞后一期、滞后三期和滞后五期对中国农产品进口质量升级的回归结果显示，进口关税滞后五期的结果最显著。因此，本章后续分析选用进口关税滞后五期作为核心解释变量进行回归分析，构建实证模型，见式（3.16）：

$$\Delta ln\lambda_{cht}^{F} = \theta_{ch} + \theta_{t} + \alpha_1 PF_{ch,t-5} + \alpha_2 tariff_{ch,t-5} + \alpha_3 (PF_{ch,t-5}$$
$$\times tariff_{ch,t-5}) + lnzjz + lngdp + lnopen + \varepsilon_{cht} \qquad (3.16)$$

2. 营商环境对中国进口农产品质量升级的影响

表3.8中的回归结果显示，随着中国进口关税的提高或降低，会导致产品质量前沿邻近程度不同的产品质量升级水平不同。这意味着，进口国国内市场竞争环境会影响进口产品质量升级。那么，出口国国内市场竞争环境会对该国出口产品质量升级有影响吗？即进口国进口关税的提高，会因该出口国国内市场竞争环境的不同而影响该国出口产品质量升级吗？在现实中，各国官僚主义因素、市场监管制度因素和其他制度因素都可能意味着各国对进口国关税提高而采取的措施不同，进而影响该国产品质量升级，即关税对产品质量升级的影响存在国家竞争环境的异质性。

本章参考坎德维尔等（2013），使用世界银行和国际金融公司每年出版的《营商环境报告》（*Doing Business Report*）作为各国市场竞争环境的测度依据。《营商环境报告》对全球190个经济体的商业监管进行了基准测试，并从10个方面对各个国家（地区）的营商环境进行了测度，对每个方面的便利度分数进行简单加权平均，最终得出总的营商环境便利度分数和排名①（分数区间为0~100）。其中，我们将营商环境便利度分数>75分定义为高营商环境国家（GDB），60分<营商环境便利度分数<75分定义为中等营商环境国家（MDB），营商环境便利度分数<60分定义为低营商环境国家（LDB）。不同国家的营商环境便利度对于各国产品质量前沿邻近程度存在重要影响，进而影响中国进口农产品的质量升级。

因此，为了更好地检验进口关税对产品质量升级的影响，将样本国分为高营商环境国家、中等营商环境国家和低营商环境国家进行比较研究。不同营商环境国家对产品质量升级的回归结果，如表3.9所示。

---

① 这10个方面包括：开办企业、办理施工许可证、获得电源、登记财产、获得信贷、保护少数投资者、纳税、跨境贸易、执行合同、办理破产。

表 3.9　　　　　不同营商环境国家对产品质量升级的回归结果

变量	滞后五期	(1) 高营商环境国家 （GDB）	(2) 中等营商环境国家 （MDB）	(3) 低营商环境国家 （LDB）
$PF_{ch,t-5}$	- 2.9870 *** (- 16.82)	- 2.3590 *** (- 8.39)	- 1.0474 (- 0.56)	- 5.0807 *** (- 2.83)
$tariff_{ch,t-5}$	0.0070 *** (3.85)	0.0081 ** (2.35)	- 0.0046 (- 0.37)	- 0.0125 (- 0.65)
$PF_{ch,t-5} \times tariff_{ch,t-5}$	- 0.0403 *** (- 6.66)	- 0.0488 *** (- 4.18)	- 0.4842 *** (- 4.33)	0.0122 (0.17)
lnzjz	- 0.5622 *** (- 4.33)	- 0.2338 (- 1.14)	1.4292 (1.40)	2.6647 ** (2.59)
lngdp	1.3398 *** (6.82)	2.1450 *** (4.79)	0.6032 (1.01)	0.3795 (0.24)
lnopen	0.3271 *** (2.61)	0.6823 *** (3.21)	0.8624 ** (2.59)	0.8826 (1.33)
_ cons	- 0.9252 (- 0.24)	- 18.7854 ** (- 2.58)	- 41.6670 * (- 1.90)	- 66.5546 ** (- 2.41)
θ_{ch}	YES	YES	YES	YES
θ_t	YES	YES	YES	YES
Obs	33020	15341	4182	1248
R^2	0.2751	0.2390	0.2475	0.4242

注：***、**、* 分别表示在 1%、5% 和 10% 的水平上显著，括号内数字代表 t 值。
资料来源：笔者根据表 3.1 中的数据利用式（3.10）、式（3.11）和式（3.15）计算整理而得。

回归结果显示，在高营商环境国家（GDB）和低营商环境国家（LDB）质量前沿距离（滞后五期）的系数分别为 - 2.3590 和 - 5.0807，且均在 1% 的显著性水平上显著。中等营商环境国家（MDB）系数为负，但不显著。该回归结果表明，质量前沿距离（滞后五期）负向作用于中国进口农产品质量升级，且低营商环境国家（LDB）的负向作用更为明显，表明低营商环境国家（LDB）产品质量升级速度比较高，这与前文的结论相一致。

高营商环境国家（GDB）的进口关税（滞后五期）系数，在5%的水平上显著为正（系数值为0.0081）。而中等营商环境国家（MDB）、低营商环境国家（LDB）进口关税（滞后五期）系数，均为负且不显著。这与前面的结论一致，即质量前沿邻近程度较低且营商环境较差的国家，降低关税并不一定能起到促进一国产品质量升级的作用，相反还可能起到抑制作用。

高营商环境国家（GDB）、中等营商环境国家（MDB）的质量前沿距离（滞后五期）与进口关税（滞后五期）的交互项系数，均在1%的显著性水平上为负。系数值分别为－0.0488和－0.4842，低营商环境国家（DB）质量前沿距离（滞后五期）与进口关税（滞后五期）的交互项系数为正且不显著。由此可见，高营商环境国家（GDB）和中等营商环境国家（MDB）质量前沿距离（滞后五期）与进口关税（滞后五期）的交互项作用，明显大于低营商环境国家（DB）。

3.2.4　稳健性检验

随机性或异常值的存在会引起样本估计错误，本章通过四种处理方法验证上述实证结果是否稳健，稳健性检验回归结果，见表3.10。在表3.10的第2列中，我们通过需求信息推断法中的KSW方法重新计算产品质量，观察质量测度方法的不同是否会对实证结果有影响。在第3列中，我们通过排除质量前沿邻近程度最高（$PF_{ch,t-5}$等于1）的品种来检查结果的敏感性。在第4列，我们通过剔除每一个HS6位码下质量最高的前两个品种，根据式（3.11）的第三最高质量，重新定义每一品种的质量前沿。在第5列，日本在中国进口国家产品质量中排名第一，我们排除日本这一样本国重新定义产品质量前沿。在第6列，我们采用产品单位价值这一较为普遍的质量指标，计算质量并定义产品质量前沿。具体做法是，根据每一个HS6位码下的产品品种价格与HS6位码下产品品种最高价格之比，定义质量前沿邻近程度。

相应地，以产品价格的对数变换，定义产品质量升级。表 3.10 中的稳健性检验回归结果与前面实证回归结果基本一致，说明进口关税对中国质量升级的影响结果非常稳健。

表 3.10   稳健性检验回归结果

变量	KSW 方法	排除 PF = 1	排除 TOP2 品种质量	排除样本国日本	产品 单位价值
$PF_{ch,t-5}$	-3.4788*** (-35.07)	-2.9694*** (-17.40)	-2.8414*** (-19.74)	-2.8004*** (-19.90)	-4.7364*** (-38.70)
$tariff_{ch,t-5}$	0.0016 (1.36)	0.0056*** (3.14)	0.0084*** (4.61)	0.0055*** (2.97)	-0.0017* (-1.74)
$PF_{ch,t-5} \times tariff_{ch,t-5}$	-0.0226*** (-7.66)	-0.0385*** (-6.85)	-0.0310*** (-6.82)	-0.0311*** (-6.84)	-0.0155*** (-5.08)
lngdp	0.1393 (1.19)	1.3398*** (7.27)	1.4368*** (7.79)	1.0985*** (5.98)	0.2091** (2.06)
lnopen	-0.1238* (-1.87)	0.3563*** (3.48)	0.3146*** (3.06)	0.4063*** (3.96)	-0.0021 (-0.04)
_cons	-0.0516 (-0.04)	-13.9682*** (-7.10)	-14.7798*** (-7.54)	-11.6977*** (-6.04)	-1.5222 (-1.41)
θ_{ch}	YES	YES	YES	YES	YES
θ_t	YES	YES	YES	YES	YES
Obs	33020	32680	32245	31259	33020
R^2	0.2647	0.2746	0.2970	0.3024	0.3200

注：***、**、*分别表示在1%、5%和10%的水平上显著，括号内数字代表t值。
资料来源：笔者利用表 3.1 中的数据根据式（3.10）、式（3.11）、式（3.15）、式（3.16）计算整理而得。

3.2.5 研究结论

本节以关税作为市场竞争环境中的代理变量，分析了进口关税的变化对中国进口农产品质量升级的影响。基于坎德维尔等（2013）的质量前沿距离模型，以进口关税为核心解释变量，引入出口国农业增加值、出口国人均GDP以及出口国对外开放度作为控制变量进行实证分析。总结前面的研究结果，主要有以下三个结论。

（1）通过进口关税滞后一期、滞后三期以及滞后五期对中国进口农产品质量影响的实证结果对比，最终发现进口关税滞后五期代表性最好，因此，我们以进口关税滞后五期作为核心解释变量。

（2）通过进口国市场竞争环境和出口国市场竞争环境两个角度，分析关税对中国进口产品质量升级的影响，最终结果发现，进口关税对不同质量前沿邻近程度的产品质量升级影响不同，对于营商环境较好且邻近质量前沿的产品，进口关税对其质量升级起到相对抑制作用，对于营商环境较差且较远离质量前沿的产品，进口关税可能会起到促进质量升级的作用。

（3）在稳健性检验中，本章设计了五个方案：①通过需求信息推断法中的 KSW 方法来重新计算产品质量；②通过排除质量前沿邻近程度最高（$PF_{ch,t-5}$ 等于 1）的品种，检查结果的敏感性；③通过剔除每一个 HS6 位码下质量最高的前两个品种，重新计算每一品种的质量前沿邻近程度；④剔除样本国日本重新计算质量前沿；⑤使用产品单位价值计算质量并重新定义质量前沿。以上五个稳健性检验回归方案的结果，都与前文基准回归结果相符，说明进口关税对中国进口农产品质量升级的影响非常稳健。

3.3　SPS 措施与中国进口农产品质量

3.3.1　变量选择

1. 被解释变量

本节的被解释变量是农产品质量升级程度，定义为单一产品品种 h 在 t 年度的绝对质量与其上 5 年度的平均绝对质量之差，数据由 3.1 节的式（3.12）测算得到，在此不再赘述。

2. 核心解释变量

本节的核心解释变量是 SPS 通报数。在关于 SPS 措施的研究中，较为常用的研究方法是虚拟变量法和存量法。虚拟变量法的基本思路是，如果一国在 t 年度实施了至少一项有关 SPS 措施，取 1；否则，取 0。存量法的基本思路是，统计一国 SPS 措施的具体数量。其中，存量法的统计指标有两种来源：第一种是目前大部分研究所采用的 WTO 公布的各国政府通报的 SPS 措施（notifications），该指标提供者是实施 SPS 措施的当事国；第二种是特别贸易关注数量指标（specific trade concerns，STC），该指标提供者是可能受到他国 SPS 措施影响的当事国。本节参考董银果（2018）的做法，以各国政府通报的 SPS 措施来代表解释变量。数据来源于 WTO 非关税措施数据库。

3. 其他解释变量

进口产品质量前沿邻近程度（$PF_{ch,t}$）由式（3.11）测算得到。考虑到进口产品质量升级还会受到其他因素影响，本章参考陈丰龙和徐康宁（2016）、熊立春和程宝栋（2018），将农业增加值（lnzjz）、人均 GDP（lngdp）、对外开放度（lnopen）作为控制变量，数据来源与第 4 章相同。变量描述性统计结果，见表 3.11。

表 3.11　　　　　　　　　　变量描述性统计结果

变量	样本量	均值	标准差	最小值	最大值
SPS 措施（sps）	28482	13.710	16.257	0.000	94.000
质量边界（$PF_{ch,t}$）	28482	0.137	0.186	0.000	1.000
农业增加值（lnzjz）	27583	23.096	2.204	16.938	26.573
人均 GDP（lngdp）	28482	9.787	1.241	5.713	11.595
对外开放度（lnopen）	28482	4.221	0.816	2.834	6.040

资料来源：笔者利用表 3.1 中的数据根据式（3.11）计算整理而得。

3.3.2　模型构建

SPS 措施的使用通过促进农产品生产规范化，迫使企业提高农产品生产质量标准,加剧了企业之间的竞争和创新。本章借鉴第 4 章的做法,使用 SPS 措施通报数代表市场竞争环境,使用现有产品的质量升级代表创新,同时,竞争与创新之间的非单调关系取决于进口产品质量的世界前沿距离,借鉴董银果(2018)的做法,衡量 SPS 措施对中国进口农产品质量升级的影响,计量模型如下:

$$\Delta \ln \lambda_{cht}^F = \theta_{ch} + \theta_t + \alpha_1 PF_{ch,t-5} + \alpha_2 sps_{ch,t-i} + \alpha_3 \left(PF_{ch,t-5} \times sps_{ch,t-i} \right)$$
$$+ \ln zjz + \ln gdp + \ln open + \varepsilon_{cht} \qquad (3.17)$$

在式(3.17)中,被解释变量 $\Delta \ln \lambda_{cht}^F$ 表示进口产品在 t 期和 t-5 期之间的质量差值,$PF_{ch,t-5}$ 表示滞后 5 期的质量前沿邻近程度,$sps_{ch,t-i}$ 表示滞后 i 期的 SPS 措施通报数,$PF_{ch,t-5} \times sps_{ch,t-i}$ 表示质量前沿邻近程度滞后 5 期与 SPS 措施通报数滞后 i 期的交互项。$\ln zjz$ 表示农业增加值,$\ln gdp$ 表示人均 GDP,$\ln open$ 表示出口国贸易开放程度,用出口国的进出口贸易总额与该国的 GDP 比值表示。θ_{ch} 为国家—产品固定效应,表示 c 国出口 h 产品中不随时间变化的部分。θ_t 为时间固定效应,表示产品中随时间变化但不随产品种类变化的部分。ε_{cht} 为不可观测的误差项。

3.3.3 实证分析

1. SPS 措施滞后期数对中国进口农产品质量升级的影响

SPS 措施与进口关税的实施,都具有一定时滞性。SPS 措施通报后并不会立即实施,通常需要 3~6 个月过渡期才正式实施,且 SPS 措施通报后对产品质量升级的影响需要一定的滞后期才能显现。因此,在式(3.17)中,分别采用滞后一期的通报数、滞后三期的通报数、滞后五期的通报数来衡量 SPS 措施对中国进口农产品质量升级的影响。滞后不同期数的 SPS 措施对中国进口农产品质量升级的影响的回归结果,见表 3.12。

表 3.12　滞后不同期数的 SPS 措施对中国进口农产品质量升级的影响的回归结果

变量	（1） 滞后一期	（2） 滞后三期	（3） 滞后五期
$PF_{ch,t-5}$	-3.2909 *** (-17.78)	-3.6447 *** (-22.85)	-3.1850 *** (-19.66)
lnzjz	-0.1738 (-0.88)	-0.5260 *** (-3.02)	-0.3439 * (-1.84)
lngdp	1.5501 *** (4.50)	1.6618 *** (5.39)	1.6702 *** (5.38)
lnopen	0.7988 *** (4.26)	0.4028 ** (2.41)	0.6751 *** (3.95)
$sps_{ch,t-1}$	0.0123 *** (4.95)		
$PF_{ch,t-5} \times sps_{ch,t-1}$	0.0071 (0.95)		
$sps_{ch,t-3}$		0.0141 *** (6.59)	
$PF_{ch,t-5} \times sps_{ch,t-3}$		0.0088 (1.28)	
$sps_{ch,t-5}$			0.0147 *** (7.08)
$PF_{ch,t-5} \times sps_{ch,t-5}$			-0.0171 ** (-2.17)
_ cons	-13.9663 ** (-2.43)	-5.1273 (-1.00)	-10.5137 ** (-1.98)
θ_{ch}	YES	YES	YES
θ_t	YES	YES	YES
Obs	28482	28482	28482
R^2	0.2382	0.2743	0.2363

注：*** 、** 、* 分别表示在 1%、5% 和 10% 的水平上显著，括号内数字代表 t 值。
资料来源：笔者根据表 3.1 中的数据利用式（3.17）计算整理而得。

表 3.12 的回归结果显示，质量前沿边界的系数 $PF_{ch,t-5}$ 在 SPS 措施通报数滞后一期、滞后三期、滞后五期的情况下，都在 1% 的显著性水平上为负。这表明，处于技术前沿的农产品比远离技术前沿的农产品质量升级速度慢。当中国提高进口农产品质量标准后，对于已经趋近于质量前沿边界的农产品（$PF_{ch,t-5}$ 趋于 1），或者已经达到中国进口农产品标准或只需稍微升级即可满足中国产品标准的农产品而言，质量升级空间较为有限。而远离质量前沿边界的农产品（$PF_{ch,t-5}$ 趋于 0）意味着，农产品质量与中国进口标准有较大差距，必须经历较大幅度的质量升级才可能达到要求。因此，该类农产品如果具备满足中国进口农产品标准的条件和能力，在技术溢出和"干中学"效应的作用下，会比已经趋近于质量前沿边界的产品（$PF_{ch,t-5}$ 趋于 1）实现幅度更大的质量升级。质量升级幅度越大，意味着质量升级成本越高。

SPS 措施通报数在滞后一期、滞后三期和滞后五期的情况下，都在 1% 的显著性水平上为正，意味着 SPS 措施正向作用于中国进口农产品质量升级，以滞后五期为例，中国 SPS 措施的通报数每增加一项，5 年后中国进口的农产品质量水平会提高 0.0147。

质量前沿距离（滞后五期）与 SPS 措施通报数滞后 i 期的交互系数在滞后一期、滞后三期的情况下为正，但均不显著，而在滞后五期的情况下在 5% 的显著性水平上为负。以滞后五期为例，中国 SPS 措施通报数每增加一项，远离质量前沿的农产品质量升级水平为 0.0071，而趋近于质量前沿的农产品质量升级水平为 -0.0171。这意味着，当中国 SPS 措施通报数增加时，趋近于质量前沿的农产品质量水平较高，较易满足市场标准需求，因此，会导致创新水平下降（即质量升级水平相对降低），这是基于逃离竞争效应的反面情况。相反，远离质量前沿的农产品受到熊彼特租金①的激励，则会加速创新，加

---

① 熊彼特租金是指，企业家创新而产生的经济租金，也称企业家租金，该租金源于创新，创新通常是短暂的，因此，该租金也是短暂的。

快质量升级速度，这是基于负向激励效应的反面情况。这与坎德维尔等（2013）和董银果（2018）的结论相一致。

其他解释变量的回归结果显示：①出口国农业增加值 lnzjz 在 SPS 措施通报数滞后三期的情况下，在 1% 的显著性水平上为负，在 SPS 措施通报数滞后五期的情况下，在 10% 的显著性水平上为负。这表明，出口国农业增加值越大，该国经济越依赖农业。②出口国人均GDP（lngdp）在 SPS 措施通报数滞后一期、滞后三期和滞后五期的情况下，都在 1% 的显著性水平上为正。这表明，出口国人均 GDP 显著正向作用于中国进口农产品质量升级。这意味着，当出口国人均收入水平提高时，该国国内消费生产的农产品质量也得到一定提高，则出口到中国的农产品质量得到提升。③出口国贸易开放程度（lnopen）在 SPS 措施通报数滞后一期、滞后三期和滞后五期的情况下，显著为正。这意味着，一国进出口贸易总额占该国 GDP 比值越大，该国国内农产品贸易环境越好，越有利于提高该国农产品质量。

表 3.12 中的 SPS 措施通报数滞后一期、滞后三期和滞后五期对中国进口农产品质量升级的回归结果显示，SPS 措施通报数滞后五期的结果最为显著，符合 SPS 措施效力滞后显示的特征。因此，本章后续分析选用 SPS 措施通报数滞后五期作为核心解释变量进行回归分析，本章实证模型构建如下。

$$\Delta \ln \lambda_{cht}^F = \theta_{ch} + \theta_t + \alpha_1 PF_{ch,t-5} + \alpha_2 sps_{ch,t-5} + \alpha_3 \left(PF_{ch,t-5} \times sps_{ch,t-5} \right)$$
$$+ \ln zjz + \ln gdp + \ln open + \varepsilon_{cht} \qquad (3.18)$$

2. OECD 国家和非 OECD 国家对中国进口农产品质量升级的影响

以表 3.12 中的 SPS 措施通报数滞后五期的回归结果为例，SPS 措施通报数显著正向作用于中国进口农产品质量升级，而质量前沿距离（滞后五期）与 SPS 措施通报数（滞后五期）的交互项，则显著负向作用于中国进口农产品质量升级。这意味着，当中国 SPS 措施通报数增加时，处于不同质量前沿距离的农产品质量升级速度不同，靠近质量前沿距离的农产品质量较高，满足中国进口标准的成本较低，因此，创新激励不足，质量升级水平相对较低。而远离质量前沿距离的农产品为了获取"熊彼特租金"，创新激励较大，质量升级水平相对较高。同时，既远离质量前沿距离又不进行质量升级或不具备质量升级条件的农产品，退出市场。

SPS 措施对于不同质量前沿邻近距离的农产品质量升级影响不同，导致 SPS 措施的相关研究结果出现了较大分歧。大部分研究结果为，SPS 措施在国际贸易中更多扮演贸易壁垒的角色；而部分学者则认为，SPS 措施在国际贸易中扮演贸易升级促进者的角色，SPS 措施可以通过提高国际商品贸易标准来反向促进出口商提高农产品质量，进而带动全球农产品质量提升。而董银果和李圳（2015）则基于 2011 年美国、加拿大、日本、澳大利亚 4 国分别与其农产品贸易额最大的 10 个国家之间的贸易数据进行实证分析，最终 SPS 措施在短期内对进口农产品表现为贸易抑制作用，SPS 措施实施 2 年后则转化为贸易促进作用。

不同国家的经济发展程度对于各国农产品质量前沿邻近程度存在重要的影响，进而影响中国进口农产品质量升级。为了更好地检验 SPS 措施对农产品质量升级的影响，将所有样本国分为 OECD 国家和非 OECD 国家进行比较研究。分样本国家回归结果，如表 3.13 所示。

表 3.13　　　　　　　　　　　分样本国家回归结果

变量	（1） 所有样本国家	（2） OECD 国家	（3） 非 OECD 国家
$PF_{ch, t-5}$	- 3.1850 *** （- 19.66）	- 4.0028 *** （- 12.05）	- 2.9708 *** （- 17.87）
$sps_{ch, t-5}$	0.0147 *** （7.08）	0.0157 *** （4.94）	0.0138 *** （5.16）
$PF_{ch, t-5} \times sps_{ch, t-5}$	- 0.0171 ** （- 2.17）	- 0.0337 * （- 1.83）	- 0.0138 * （- 1.75）
lnzjz	- 0.3439 * （- 1.84）	- 0.2136 （- 0.68）	- 0.5540 * （- 1.91）

变量	（1） 所有样本国家	（2） OECD 国家	（3） 非 OECD 国家
lngdp	1. 6702 *** （5. 38 ）	1. 5178 （2. 48 ）	0. 8952 （1. 35 ）
lnopen	0. 6751 *** （3. 95）	0. 2800 （0. 99）	0. 7836 *** （3. 56）
_ cons	− 10. 5137 ** （ − 1. 98）	− 10. 8724 （ − 1. 15）	1. 0218 （0. 16）
θ_{ch}	YES	YES	YES
θ_t	YES	YES	YES
Obs	28482	15085	13397
R^2	0. 2363	0. 2297	0. 2769

注：*** 、** 、* 分别表示在 1%、5% 和 10% 的水平上显著，括号内数字代表 t 值。
资料来源：笔者利用表 3.1 中的数据根据式（3.18）计算整理而得。

表 3.13 的回归结果显示，质量前沿距离（滞后五期）在 OECD 国家的系数为 − 4. 0028，在非 OECD 国家的系数为 − 2. 9708，且均在 1% 的水平上显著。该回归结果表明，质量前沿距离（滞后五期）负向作用于中国进口农产品质量升级，且 OECD 国家的负向作用更为明显，表明处于技术前沿的农产品比远离技术前沿的农产品质量升级速度慢。

SPS 通报数（滞后五期）在 OECD 国家和非 OECD 国家的系数均在 1% 的水平上显著为正。中国 SPS 通报数每增加一项，SPS 措施促进 OECD 国家的农产品质量提高 0. 0157，非 OECD 国家的农产品质量提高 0. 0138。

质量前沿距离（滞后五期）与 SPS 通报数（滞后五期）的交互项系数在 OECD 国家为 − 0. 0337，在非 OECD 国家为 − 0. 0138，且均在 10% 的水平上显著。这表明，OECD 国家质量前沿距离（滞后五期）与 SPS 通报数（滞后五期）的交互项负向作用大于非 OECD 国家，OECD 国家存在"逃离竞争效应"的反面情况。

3.3.4 稳健性检验

本章通过四种处理方法验证上述实证结果是否稳健，稳健性检验回归结果，见表3.14。在表3.14的第2列，我们通过需求信息推断法中的 KSW 方法来重新计算农产品质量，观察质量测度方法的不同是否会对实证结果有所影响。在第3列，我们通过排除质量前沿邻近程度最高（$PF_{ch,t-5} = 1$）的品种，来检查结果的敏感性。在第4列，我们通过剔除每一个 HS6 位码下质量最高的前两个品种，根据式（3.11）最高质量重新定义每一品种的质量前沿。日本在中国进口国家农产品质量中排名第一，在第5列，我们排除日本这一样本国重新定义农产品质量前沿。在第6列，我们采用农产品单位价值这一较为普遍的质量指标，计算质量并定义农产品质量前沿。具体做法是，根据每一 HS6 位码下的农产品品种价格与 HS6 位码下农产品品种最高价格之比，定义质量前沿邻近程度。相应地，以农产品价格的对数变换，定义质量升级。表3.14中的稳健性检验回归结果与前面实证回归结果基本一致，说明 SPS 措施通报数对中国农产品质量升级的影响结果非常稳健。

表 3.14　　　　　　　　　　稳健性检验回归结果

变量	KSW 方法	排除 PF = 1	排除 TOP2 品种质量	排除样本国 日本	农产品 单位价值
$PF_{ch,t-5}$	-4.0322 *** (-49.84)	-3.1720 *** (-19.84)	-3.0826 *** (-23.34)	-3.1586 *** (-19.80)	-5.2027 *** (-47.65)
$sps_{ch,t-5}$	0.0035 *** (3.11)	0.0147 *** (7.10)	0.0111 *** (5.20)	0.0148 *** (6.99)	-0.0019 * (-1.83)
$PF_{ch,t-5} \times sps_{ch,t-5}$	-0.0213 *** (-6.65)	-0.0166 ** (-2.17)	-0.0151 (-0.79)	-0.0152 ** (-1.99)	0.0267 *** (4.88)
$\ln zjz$	-0.3243 ** (-6.95)	-0.4626 ** (-7.17)	-0.2151 * (-1.79)	-0.3172 ** (-6.34)	0.2347 ** (5.78)

变量	KSW 方法	排除 PF = 1	排除 TOP2 品种质量	排除样本国 日本	农产品 单位价值
lngdp	1. 1286 *** (7. 14)	1. 6446 *** (5. 50)	1. 6737 *** (5. 67)	1. 7128 *** (5. 63)	0. 5038 *** (3. 24)
lnopen	− 0. 1615 * (− 1. 86)	0. 5970 *** (3. 67)	0. 6026 *** (3. 73)	0. 6083 *** (3. 67)	− 0. 1442 * (− 1. 71)
_ cons	− 9. 7643 *** (− 5. 65)	− 17. 8842 *** (− 5. 49)	− 18. 0670 *** (− 5. 63)	− 18. 5489 *** (− 5. 59)	− 3. 8606 ** (− 2. 28)
θ_{ch}	YES	YES	YES	YES	YES
θ_t	YES	YES	YES	YES	YES
Obs	28482	28221	27748	27102	28482
R^2	0. 2669	0. 2364	0. 2565	0. 2394	0. 2959

注: *** 、 ** 、 * 分别表示在 1%、5% 和 10% 的水平上显著, 括号内数字代表 t 值。
资料来源: 笔者根据式 (3. 18) 计算整理而得。

3.3.5 研究结论

本节以 SPS 措施作为市场竞争环境的代理变量, 分析了中国 SPS 措施通报数对中国进口农产品质量升级的影响。基于坎德维尔等 (2013) 的质量前沿距离模型, 以 SPS 措施通报数为核心解释变量, 引入出口国农业增加值、出口国人均 GDP 以及出口国对外开放度作为控制变量进行实证分析。总结前文的研究结果, 主要有以下三点结论。

(1) 从表 3.12 来看, 通过分别使用 SPS 措施通报数滞后一期、滞后三期、滞后五期对中国进口农产品质量升级影响进行实证分析, 实证结果显示, 质量前沿距离的系数和质量前沿距离 (滞后五期) 与 SPS 措施通报数滞后 i 期的交互项系数显著为负, SPS 措施通报数系数显著为正。这表明, 邻近质量前沿的农产品质量升级水平, 相对低于远离质量前沿的农产品质量升级水平。控制变量出口国农业增加值显著为负, 出口国人均 GDP、出口国对外开放度则显著为正, 表明出口国经济结构优化、人均收入增加、对外开放度提高都将提高中国进口农产品质量升级水平。

（2）为了更好地检验 SPS 措施对农产品质量升级的影响，从表 3.13 可见，将样本国分为 OECD 国家和非 OECD 国家进行比较研究。研究结果显示，与非 OECD 国家相比，OECD 国家存在"逃离竞争效应"的反面情况，即当中国 SPS 措施通报数增加时，OECD 国家农产品更趋近于质量前沿，因其质量水平较高，较易满足市场标准需求，因此，会导致创新水平下降（即质量升级水平相对降低）。

（3）在稳健性检验中，本章设计了五个方案：①通过需求信息推断法中的 KSW 方法来重新计算农产品质量；②通过排除质量前沿邻近程度最高（$PF_{ch,t-5}$ 等于 1）的品种，来检查结果的敏感性；③通过剔除每一个 HS6 位码下质量最高的前两个品种，重新计算每一品种的质量前沿邻近程度；④剔除日本这一样本国，重新计算质量前沿；⑤使用产品单位价值计算质量，并重新定义质量前沿。以上五个稳健性检验回归方案的结果，都与前文基准回归结果相符，说明 SPS 措施通报数对中国进口农产品质量升级的影响非常稳健。

4 经济政策不确定性对中国进口
农产品质量影响研究

4.1 中国进口农产品质量测算

4.1.1 测度理论与测度方法

本节将利用坎德维尔等（2013）的模型，测算中国进口农产品质量。坎德维尔等（2013）的模型经济学内涵在于：对于价格相同的同类农产品，市场份额越大的农产品质量越高。即如果一种农产品在与同类农产品竞争中既能做到不损失其市场份额又能提高价格，那么，这种产品的质量必然得到了提升。

假设消费者在某一 HS6 位码下农产品的效用函数为：

$$U = \left\{ \int_{v \in \Omega} \left[\lambda_{ij}(v) q_{ij}(v) \right]^{\frac{\sigma-1}{\sigma}} dv \right\}^{\frac{\sigma-1}{\sigma}} \qquad (4.1)$$

在式（4.1）中，i 表示进口来源国，j 表示出口目的国；Ω 表示可供消费者购买的农产品集；$\lambda_{ij}(v)$ 表示来自 i 国农产品 v 的质量，$q_{ij}(v)$ 表示，j 国对来自 i 国农产品 v 的需求量，$\sigma > 1$ 表示农产品种类间的替代弹性。

经过进一步求解，得到效用函数式（4.1）对应的价格指数 P 为：

$$P = \left\{ \int_{v \in \Omega} \left[p_{ij}(v) / \lambda_{ij}(v) \right]^{1-\sigma} dv \right\}^{\frac{1}{1-\sigma}} \qquad (4.2)$$

在式（4.2）中，$p_{ij}(v)$ 表示农产品 v 的进口价格，P 表示加总的农产品价格指数，同时，可以得到消费者对农产品 v 的需求量为：

$$q_{ij}(v) = \left[\lambda_{ij}(v)\right]^{\sigma-1} \frac{\left[p_{ij}(v)\right]^{-\sigma}}{P^{1-\sigma}} Y \qquad (4.3)$$

在式（4.3）中，Y 表示农产品总支出。观察式（4.3）可知，农产品质量与消费者需求量正相关，农产品价格与消费需求量负相关。整理式（4.3）可得：

$$q_{hct} = \lambda_{hct}^{\sigma-1} \frac{p_{hct}^{-\sigma}}{P_{ct}^{1-\sigma}} Y_{ct} \qquad (4.4)$$

在式（4.4）中，q_{hct} 表示在 t 年从 c 国进口的农产品 h 的数量，λ_{hct} 表示在 t 年从 c 国进口的农产品 h 的质量。借鉴坎德维尔等（2013）和施炳展（2015）的方法，本节由式（4.4）构建计量模型，两边取自然对数，进行简单整理后，得到农产品层面的回归方程式，见式（4.5）：

$$\ln q_{hct} + \sigma \ln p_{hct} = \phi_h + \phi_{ct} + \varepsilon_{hct} \qquad (4.5)$$

在式（4.5）中，ϕ_h 表示个体固定效应，ϕ_{ct} 表示时间固定效应，这一组合是为了控制中国消费者在该类农产品上的消费状况。$\varepsilon_{hct} = (\sigma-1) \ln \lambda_{hct}$ 测度 t 年从 c 国进口农产品 h 的质量，作为残差项处理。通过式（4.6）定义质量：

$$quality_{hct} = \ln \hat{\lambda}_{hct} = \frac{\hat{\varepsilon}_{hct}}{\sigma-1} \qquad (4.6)$$

式（4.6）可以用来测算每个年度中国从每个进口来源国进口的某一农产品的质量。考虑到不同农产品的质量水平加总经济学意义不明显，为此，本节对式（4.6）的质量指标进行标准化处理：

$$squality_{hct} = \frac{quality_{hct} - minquality_{hct}}{maxquality_{hct} - minquality_{hct}} \qquad (4.7)$$

在式（4.7）中，min 表示针对每一个 HS6 位码下的农产品在所有年度、所有进口国层面上求质量最小值，max 表示其最大值。式（4.7）定义的标准化质量指标不具有经济学意义，且介于 [0，1] 区间，因此，可以在不同维度下进行加总获得整体质量，从而可以进行跨期、跨截面的各种比较。整体指标为：

$$TQ = \frac{v_{hct}}{\sum\limits_{hct \in \Omega} v_{hct}} squality_{hct} \qquad (4.8)$$

在式（4.8）中，TQ 表示对应样本集合 Ω 的整体质量，v_{hct} 表示样本集合中样本的进口价值量。既有研究对 σ 的取值有不同的估计方法，如安德森和范温库普（Anderson and Van Wincoop，2004）基于引力模型的综述性研究发现，替代弹性 σ 的取值区间为 5 ~ 10。范等（2015）发现，农产品质量的测算结果，不会因 σ 取值的大小而产生较大差异。根据范等（2015）对替代弹性 σ 的取值，本章将采用赋值法，即令 σ = 5。

4.1.2　数据来源及数据处理

本节根据 WTO 对农产品的定义，将海关协调编码（HS）前 24 章（HS01-HS24）视作农产品范畴。农产品贸易数据，来源于联合国商品贸易数据库（UN Comtrade Database）。本节的研究年限是 2001 ~ 2017 年，研究对象是农产品，在查阅了对应年度的 HS6 位码下的进口农产品贸易数据后，得到初始观测值 133744 个。继而，对数据进行处理：首先，剔除信息缺失样本（数量为 0 或数量缺失、价值量为 0 或价值量缺失），得到观测值 133160 个；其次，剔除极端值（贸易价值量小于 50 美元或数量小于 1 的样本），最终得到 2001 ~ 2017 年中国从 198 个国家和地区进口的 681 种农产品的数据，数据样本总量为 115865 个。

基于上述整理得到的数据，本节按照式（4.5）在 HS6 位码下进行分产品回归，以回归得到的残差项推断质量，总计 681 个回归，进而得到进口农产品质量。

4.1.3　中国进口农产品质量测算结果与分析

根据式（4.7），我们从总体层面、农产品层面以及进口来源国层面，对中国进口农产品质量进行测算并分析。

1. 总体层面分析

2001～2017 年中国进口农产品贸易额、中国进口农产品质量指数变化，如图 4.1 所示。随着中国进口农产品贸易额的持续上升，中国进口农产品质量并未随之上升，而是呈现出波动变化的趋势。以 2008 年为分界线，2001～2008 年进口农产品质量呈现波动上升趋势，其中，2006～2008 年呈现出较大幅度的提升；2008 年以后，又开始波动下降，2015 年成为最低点。经历了 2008 年全球金融危机后长达 7 年的调整期，进口农产品质量直至 2015 年以后才触底回弹，开始呈上升趋势，可能的原因是中国针对农产品的进口环节出台的相关政策提升了质量检测标准和执法监管力度，使得相对优质的农产品得以进口，从而提高了进口农产品的总体质量水平。

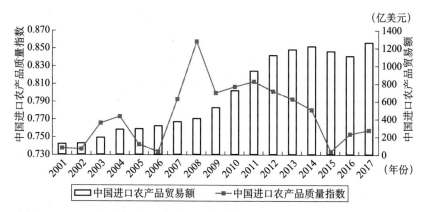

图 4.1　2001～2017 年中国进口农产品贸易额、中国进口农产品质量指数变化
资料来源：笔者根据中国海关数据库的相关数据计算整理绘制而得。

2. 农产品层面分析

图 4.1 仅显示了中国进口农产品质量的整体变动趋势，无法展现细分农产品的质量水平。表 4.1 给出了 2001～2017 年中国进口的 HS2 位码下细分农产品的质量指数。根据测算得到的各行业进口农产品质量，本节以 0.650 为分割线将进口农产品质量分为两大类：质量指数

在 0.650 以下的为进口质量中下等的农产品；质量指数在 0.650 及以上的为进口质量中上等的农产品。2001 年、2005 年、2009 年、2013 年、2017 年中国各行业进口农产品质量指数，见表 4.1。从表 4.1 可知，2001 年、2005 年、2009 年、2013 年、2017 年，在进口的所有种类农产品中，杂食干果（HS12）的进口质量最高，同时，也是进口价值量最大的；相较而言，糖和糖果（HS17）的进口质量基本上维持在较低的水平，是所有种类中进口质量最低的，平均质量指数没有达到0.500。生鲜畜类及水产品（HS01～HS05）的进口质量水平处于中上等，这与冷藏技术、保鲜技术的进步密不可分。在植果蔬菜类农产品（HS06～HS14）中，除了杂食干果（HS12）属于高质量产品，其他几类产品的进口质量水平基本上维持在中下等水平。在食品、饮料和烟草类农产品（HS17～HS24）中，除了糖和糖果（HS17）与食品工业残渣废料/动物饲料（HS23）两类属于进口质量中下等的农产品类别，其余都属于质量中上等的农产品，质量指数基本上在 0.700 以上。在所有品类中，进口质量变动最大的是编结植物材料/其他植物产品（HS14），质量水平呈现波动下降态势，2017 年，质量水平相比 2001年下降了 33.6%，从高质量农产品行列跌落到低质量农产品行列。

表 4.1　　　　2001 年、2005 年、2009 年、2013 年、2017 年
中国各行业进口农产品质量指数

HS6 位码下的农产品分类	进口农产品质量指数				
	2001 年	2005 年	2009 年	2013 年	2017 年
1：活动物	0.473	0.557	0.817	0.781	0.664
2：肉及食用杂碎	0.827	0.748	0.825	0.844	0.863
3：鱼、甲壳动物及无脊椎动物	0.791	0.798	0.793	0.756	0.777
4：乳品/蛋品/蜂蜜等	0.719	0.677	0.688	0.816	0.761
5：其他动物产品	0.724	0.627	0.721	0.653	0.711
6：活植物/根及类似品/插花饰品	0.647	0.624	0.619	0.551	0.591
7：食用蔬菜、根及块茎	0.583	0.602	0.582	0.638	0.550
8：水果及坚果/甜瓜或柑橘属果皮	0.655	0.678	0.691	0.730	0.751

续表

HS6 位码下的农产品分类	进口农产品质量指数				
	2001 年	2005 年	2009 年	2013 年	2017 年
9：咖啡、茶及调味香料	0.596	0.546	0.629	0.634	0.693
10：谷物	0.659	0.633	0.586	0.632	0.576
11：制粉加工品/麦芽/淀粉/面筋等	0.624	0.592	0.621	0.668	0.609
12：含油籽、籽仁等/工业或药用植物	0.826	0.844	0.897	0.898	0.829
13：虫胶/树胶及其他植物液、汁	0.655	0.614	0.584	0.573	0.590
14：编结植物材料/其他植物产品	0.741	0.635	0.632	0.504	0.492
15：动、植物油、脂及其分解产品	0.621	0.710	0.762	0.722	0.645
16：肉、鱼、甲壳动物等制品	0.722	0.583	0.501	0.527	0.744
17：糖和糖果	0.499	0.447	0.462	0.471	0.480
18：可可及可可制品	0.784	0.755	0.761	0.741	0.733
19：谷物、粮食、淀粉加工品	0.843	0.785	0.884	0.864	0.915
20：蔬菜、水果、坚果等	0.829	0.682	0.689	0.673	0.673
21：杂项食品	0.746	0.670	0.641	0.617	0.651
22：饮料、酒及醋	0.714	0.745	0.726	0.693	0.673
23：食品工业残渣废料/动物饲料	0.561	0.509	0.529	0.615	0.526
24：烟草及烟草代用品的制品	0.804	0.694	0.703	0.690	0.686

资料来源：笔者根据中国海关数据整理而得。

3. 进口来源国（地区）、进口农产品之间的横向比较

我们测算了 2001～2017 年中国从所有国家（地区）进口的 HS6 位码下的农产品的质量。为了更突出特定种类农产品的进口质量水平，我们选取了进口农产品贸易研究中时常涉及的且进口规模较大的三大类农产品——大豆、奶粉和葡萄酒，从不同进口来源国的角度进行比较分析。

（1）中国进口的大豆

美国、巴西和阿根廷三国，几乎垄断了中国的大豆进口贸易。2001～2017 年中国从美国、巴西、阿根廷进口大豆质量，见图 4.2。中国从美国、巴西和阿根廷进口大豆的质量变动趋势基本保持一致。相比美国和巴西，中国从阿根廷进口的大豆质量相对较低，可能的解释

是阿根廷实施 SPS 措施的标准，不如美国和巴西的标准高。除此之外，2001～2017 年，在这三个进口来源国中，阿根廷在中国大豆进口市场的平均进口份额仅占 19%，可以说，中国从阿根廷进口大豆只是为了填补从美国和巴西进口大豆的需求缺口，这也从侧面解释了为什么中国从阿根廷进口大豆的整体质量水平不高。中美贸易摩擦升级，中国正在积极应对、努力摆脱对于美国大豆的依赖，未来，南美大豆将会被视为新的替代来源，从南美地区进口大豆的质量，也有望进一步提升。

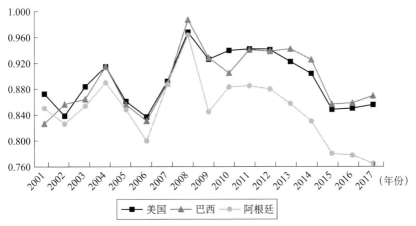

图 4.2　2001～2017 年中国从美国、巴西、阿根廷进口大豆质量

资料来源：笔者根据表 4.1 中的数据利用式（4.7）计算整理绘制而得。

（2）中国进口的奶粉

中国奶粉进口国别相对集中，新西兰是最大的进口来源国，2008 年《中新自由贸易协定》的实施，更是大大刺激了中国对新西兰进口奶粉的需求量，紧随其后的是荷兰、爱尔兰、法国。2001～2017 年中国从新西兰、荷兰、法国、爱尔兰进口奶粉质量，如图 4.3 所示，中国从法国进口的奶粉总体质量水平较低，但也呈现稳步上升态势。2001～2017 年，中国从荷兰、爱尔兰进口奶粉的整体质量有所提升。从新西兰进口的奶粉质量在 2014～2015 年有较大幅度下滑，从 0.947 降至 0.785。同期，进口额下降 62.33%，进口农产品质量和进口额变动趋势基本上保持一致。

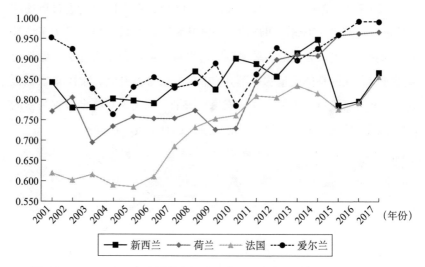

图 4.3　2001～2017 年中国从新西兰、荷兰、法国、爱尔兰进口奶粉质量

资料来源：笔者根据表 4.1 中的数据利用式（4.7）计算整理绘制而得。

2015 年以后，进口奶粉质量又有所回升。进口奶粉质量的提升与进口监管力度的强化及质量管理体系的完善是密不可分的。2014 年 5 月 1 日起，进口奶粉的境外生产企业需注册后才能允许进口，配方注册制的实施，提高了进口奶粉的准入门槛，沉重打击了中国市场上的假洋奶粉，进口奶粉的质量得以有效保障。

（3）中国进口的葡萄酒

本章选取了占中国葡萄酒进口额 80% 以上的三大进口来源国——法国、澳大利亚、智利进行对比分析。2001～2017 年中国从法国、澳大利亚、智利进口葡萄酒质量，见图 4.4，作为中国市场最大的葡萄酒进口来源国，中国从法国进口的葡萄酒质量一直处于上乘且较为稳定。随着澳大利亚进口葡萄酒在中国市场的迅猛发展，中国从澳大利亚进口的葡萄酒质量也呈现出持续上升态势且增速较为明显。可能的解释是，根据中国、澳大利亚两国签署的自由贸易协定，澳大利亚葡萄酒进口关税将从 14% 降至 0，受到进口关税不断下调的刺激，未来中国从澳大利亚进口的葡萄酒，无论是进口量还是进口质量都将有一个较好的预期。而中国从智利进口的葡萄酒质量，总体上呈现出波动下降的态势，2016 年的质量指数为 0.621，相比法国、澳大利亚还有一定差距。

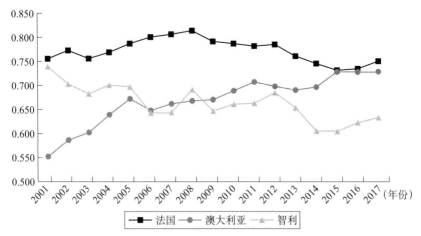

图 4.4　2001 ~ 2017 年中国从法国、澳大利亚、智利进口葡萄酒质量

资料来源：笔者根据表 4.1 中的数据利用式（4.7）计算整理绘制而得。

4.1.4　研究结论

本节基于坎德维尔等（2013）的模型，根据中国海关数据库的相关数据，采用 2001 ~ 2017 年中国从世界各国（地区）进口的贸易数据，对中国进口农产品质量进行了测算。在此基础上，我们分别从总体层面、产品层面以及进口来源国层面对中国进口农产品质量进行了比较分析，得到以下三点结论。

第一，从整体趋势来看，样本期内的中国进口农产品质量呈现出波动变化的态势。以 2008 年为节点，2001 ~ 2008 年，农产品质量指数波动上升；2008 年以后，农产品质量指数波动下降。

第二，从细分产品种类来看，杂食干果（HS12）的进口质量最高，糖和糖果（HS17）的进口质量最低；生鲜畜类及水产品（HS01～HS05）属于进口质量中上等水平。植果蔬菜类农产品（HS06～HS14）的进口质量水平，基本上维持在中下等水平。在食品、饮料和烟草类农产品（HS17～HS24）中，除了糖和糖果（HS17）和食品工业残渣废料/动物饲料（HS23）两类属于进口质量中下等的产品类别，其余都属于进口质量中上等的产品种类。

第三，中国从美国和巴西进口的大豆质量，普遍高于从阿根廷进口的大豆质量。新西兰、荷兰和爱尔兰作为传统的进口奶粉来源地，中国从其进口的奶粉质量相对稳定，变动趋势较为一致；法国作为新兴的进口奶粉来源地，样本期内的进口质量稳步提升。中国从法国进口的葡萄酒质量水平始终稳定在高位，从澳大利亚进口的葡萄酒质量次之，且有一个良好的预期，而从智利进口的葡萄酒质量是三个国家中最低的。

4.2 中国进口农产品质量影响因素分析

4.2.1 模型设定和变量说明

上文对中国进口农产品质量进行了测算，进口农产品质量受到哪些因素的影响，本节将进行实证检验。为此，参照坎德维尔等（2013）和施炳展（2015）的方法，构建计量回归模型进行分析，见式（4.9）：

$$\ln(quality_{it}) = \beta_0 + \beta_1 \ln(GDP_{it}) + \beta_2 \ln(dist_{it}) + \beta_3 \ln(open_{it})$$
$$+ \beta_4 \ln(RD_{it}) + \beta_5(agr_{it}) + \beta_6(FTA_{it}) + \varepsilon_{it} \quad (4.9)$$

在式（4.9）中，被解释变量 $quality_{it}$ 是指，i 类农产品在 t 年的进口质量；解释变量选取如下：GDP_{it} 为出口国人均 GDP；$dist_{it}$ 为国家间的地理距离，指各个进口来源国的首都与中国首都（北京）之间的地理距离；$open_{it}$ 是指，出口国贸易开放程度，用出口国的贸易进出口总额和 GDP 的比值表示；RD_{it} 表示，出口国的研发支出费用占 GDP 的比重；agr_{it} 表示，出口国农业就业人员占就业总数的百分比；虚拟变量 FTA_{it} 表示，是否与中国签订双边贸易协定。变量的具体描述性统计和说明，如表 4.2 所示。

表 4.2　　　　　　　　变量的具体描述性统计和说明

类型	变量符号	变量说明	资料来源
被解释变量	quality	中国进口农产品质量	笔者计算得到
解释变量	GDP	出口国人均 GDP（美元）	WorldBank
	dist	地理距离	法国 CEPII 数据库
	open	出口国贸易开放程度（%）	WorldBank
	RD	出口国研发支出占 GDP 的比重(%)	WorldBank
	agr	出口国农业就业人员占就业总数的百分比(%)	WorldBank
	FTA	是否与中国签订双边贸易协定，是 =1，否 =0	中国自由贸易区服务网

资料来源：见表中第 4 列。

4.2.2　实证结果及实证分析

为了验证各解释变量之间是否存在多重共线性问题，我们引入方差膨胀因子（VIF）进行检验，得到的 VIF 均值是 2.41，位于 0 ~ 10 区间，这验证了各解释变量之间不存在多重共线性。此外，在面板数据模型适用性检验中，Hausman 检验的结果显示，P 值小于 0.05，强烈拒绝原假设，故此处采用固定效应估计。中国进口农产品质量影响因素模型的整体估计结果，如表 4.3 所示。

表 4.3　　　中国进口农产品质量影响因素模型的整体估计结果

变量	被解释变量（ln（$quality_{it}$））
ln（$dist_{it}$）	（ommitted）
ln（GDP_{it}）	0.0379 *** （0.0059）

变量	被解释变量（ln（quality$_{it}$））
ln（open$_{it}$）	-0.0367 *** (0.0116)
ln（RD$_{it}$）	0.0225 ** (0.0094)
ln（agr$_{it}$）	0.0142 ** (0.0073)
FTA$_{it}$	0.0269 *** (0.0079)
_ cons	-0.9923 *** (0.0800)
R^2	0.413
观测值	72522

注：***、**、* 分别表示在 1%、5% 和 10% 的水平上显著，括号内数字代表 t 值。
资料来源：笔者根据统计结果整理而得。

表 4.3 是中国进口农产品质量影响因素模型的整体估计结果，其中，地理距离变量不随时间变化，因此，个体固定效应在估计中可以忽略。此外，出口国人均 GDP 的系数显著为正，这表明出口国经济规模越大，中国进口农产品的质量越高。换句话说，随着出口国社会经济发展水平的提升，其生产的产品质量也得到了一定程度的提升，其中，出口农产品的质量相应地得到提升。

贸易开放程度（open）变量，对进口农产品质量的影响显著为负。可能的解释是，出口国贸易开放程度越高，意味着农产品在出口国市场上的流通性越高，在激烈的市场竞争中，农产品生产制造商为了提高销量采取成本领先战略，试图通过低成本占据市场份额，生产出来的农产品质量必然受到影响，用于出口的农产品质量也得不到有效的保障。

研发支出（RD）变量的系数，在 5% 的显著性水平上显著为正。

这表明，出口国研发支出与中国进口农产品质量之间存在显著的正相关关系。实践经验表明，一国研发投入的增加有助于激励创新，提升技术水平，提高高新技术在产品生产加工环节中的运用，在提升生产效率的同时还能改进农产品质量。

农业就业人员的比重（agr）对进口农产品质量的影响显著为正。在传统农业生产中，劳动力是最重要的资源禀赋。出口国的农产品在生产、加工和运输过程中，农业就业人员（劳动力）都是必不可少的人力资源。农业就业人员的比重越高，越有利于提升农产品的质量。

与出口国签订双边贸易协定（FTA），对进口农产品的质量也有显著的正向影响。贸易伙伴国之间通过签订双边贸易协定，履行相互降低关税的承诺，从而加强双方贸易往来，中国也会优先从与其签订FTA的伙伴国进口农产品。随着中国进口农产品需求量的大幅提升，也越来越关注农产品的质量问题，会优先进口相对优质的农产品，毕竟进口农产品的质量安全问题与中国的国民经济稳定性息息相关。因此，中国进口农产品的整体质量得到了提升。

4.2.3　结论与政策启示

本节基于2001～2017年中国从196个国家和地区进口的HS6位码下的细分农产品贸易数据，对中国进口农产品质量进行了总体层面的测算；并选取了中国进口农产品贸易研究中涉及的三类农产品——大豆、奶粉和葡萄酒，从不同进口来源国角度进行了比较分析。测算结果显示，中国进口农产品质量呈现先升后降的变动态势，2001～2008年波动上升，2009～2017年波动下降；而三类农产品——大豆、奶粉和葡萄酒进口质量的变化各具特点。在此基础上，对中国进口农产品质量影响因素进行了实证检验。检验表明，出口国人均GDP、贸易开放程度、研发支出、农业就业人员的比重以及是否与中国签订双边贸易协定，均在不同程度上显著影响了中国进口农产品的质量水平。出口国经济发展水平越高，越有利于中国从样本国（地区）进口相对优质的农产品；出口国研发支出、农业就业人员的比重以及与中国签订双边贸易协定，均显著正面影响中国进口农产品质量，而出口国贸易开放程度对中国进口农产品质量水平有显著的负向影响。

本节的研究结论，对于中国进口农产品质量提升有四点重要的政策启示：①在保证中国进口农产品来源多样化的同时，合理选择进口市场，优先从经济发展水平较高、研发投入较多的国家进口，优化中国进口农产品结构和农业资源配置；②积极促进与农产品贸易大国的双边贸易协作，通过签订 FTA 巩固双方合作关系，提升中国进口农产品的贸易便利化水平；③加强对中国进口农产品质量安全标准体系的建设，完善相关监管法规，不断提升检验标准，严禁检验不合格的农产品进入本国市场，通过对中国进口农产品质量的严格把关，提升优质农产品的进口比例；④对于对外依存度极高的农产品来说，在依赖进口的同时，也要提升该类农产品的本土供应能力，拓展市场选择空间，保证本国该类农产品一定的自给率。

4.3 经济政策不确定性与中国进口农产品质量

4.3.1 实证模型构建及分析

1. 变量选择

（1）被解释变量

此处的被解释变量是进口农产品质量（quality），数据来源于 4.1 节的整理计算，在此不再展开说明。

（2）经济政策不确定性

此处的核心解释变量是经济政策不确定性，和国内外大部分研究一致，本章采用贝克等（2016）构建的 EPU 指数来衡量各国的经济政策不确定性，鉴于原始数据是月度数据，为了与其他年度数据指标相匹配，我们参照张莹和朱小明（2018）对 EPU 指数的处理方法，将 EPU 转化为年度数据：先计算简单平均值 $epu_1 = \dfrac{\sum_{m=1}^{12} epu_m}{12}$。然而，简单平均值会掩饰月度间的差异，平滑各年的不确定性水平，最终，可能导致真实影响程度被低估。考虑到以上指标可能存在的弊端以及为了反映月度之间的指数波动，此处另外建立两个指标：EPU 标准差

$$epu_2 = \sqrt{\frac{\sum_{m=1}^{12}(epu_m - epu_1)^2}{12}}$$ 和 EPU 离差 $epu_3 = \dfrac{\sum_{m=1}^{12}|epu_m - epu_1|}{12}$

（其中，epu_m 为某个国家第 m 个月的经济政策不确定性指数）。

2001～2017 年中国经济政策不确定性指数，如图 4.5 所示，图 4.5 反映了上述三个指标的变化趋势，展现了中国经济政策的不确定性。三条折线清楚地展示了三个指标的整体走势基本一致，其中，EPU 标准差和 EPU 离差趋势高度接近且十分吻合。即当年度指数较高时，该年份内各月度指数的波动幅度也较大。

（3）控制变量

考虑到中国进口农产品质量会受进口来源国特征，如人均 GDP、汇率、关税、SPS 措施数量、是否与中国签订 FTA 等因素的影响，因此，将以上因素作为控制变量纳入实证模型。需要特别说明的是，加入 SPS 措施数量是考虑到其与中国进口农产品质量安全密切相关，且农产品行业存在特殊的检验检疫标准。其中，人均 GDP 和人民币汇率数据来自世界银行数据库①；进口关税数据采用最惠国关税（MFN tariff），来自 WTO 关税数据库②；SPS 措施数量来源于 WTO 的非关税措

---

① 世界银行数据库（world bank database）网址．http：//data. worldbank. org. cn/PHam.
② WTO 关税数据库（tariff download facility）网址．http：//tariffdata. wto. org/ReportersAndProducts. aspx.

施数据库①；FTA 的相关数据，来源于中国自由贸易区服务网②。

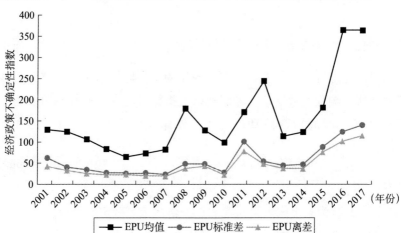

图 4.5　2001～2017 年中国经济政策不确定性指数

资料来源：笔者根据贝克等（2016）开发的经济政策不确定性指数整理计算而得。

2. 模型构建

通过计算得到经济政策不确定性和中国进口农产品质量数据后，可以进行下一步实证分析。在实证分析部分，我们的目标是探究经济政策不确定性是否会影响中国进口农产品的质量水平。为了有效估计该影响，构建如下计量模型：

$$\ln\left(quality_{ijht}\right) = \beta_0 + \beta_1 \ln epu_{it} + \beta_2 \ln GDP_{it} + \beta_3 \ln ROE_{jt} + \beta_4 \ln tariff_{ijht}$$
$$+ \beta_5 SPS_{jht} + \beta_6 FTA_{ijt} + \alpha_{ih} + \alpha_t + \varepsilon_{ijht} \qquad (4.10)$$

在式（4.10）中，i 代表进口来源国，j 代表目的国（中国），h 代表 HS6 位码下的农产品，t 表示年份。被解释变量 $quality_{ijht}$ 指，t 年 j 国从 i 国进口农产品 h 的质量；解释变量 epu_{it} 指，t 年 i 国的经济政策不确定性指数，代表进口来源国的经济政策不确定性；GDP_{it} 是进口来

———————————————

① WTO 非关税措施数据库网址．https：//i – tip. wto. org/goods/default. aspx？language = en.

② 中国自由贸易区服务网网址．http：//fta. mofcom. gov. cn/.

源国的人均 GDP，代表其经济规模；ROE_{ijt} 指，采用直接标价法的美元兑人民币名义汇率；$tariff_{ijht}$ 指，HS6 位码下的农产品层面的进口关税；SPS_{jht} 指，中国实施的卫生与植物检疫措施协定数量；虚拟变量 FTA_{ijt} 指，是否与中国签订双边贸易协定，是取 1，不是取 0。考虑到不同类别的农产品具有不同属性，其质量无法直接比较，为了剔除来自国家层面不随时间变化的冲击影响，本节引入国家—产品固定效应 α_{ih} 加以控制。又考虑到为剔除特定年份特殊事件的冲击，本节在实证模型中引入时间固定效应（α_t）。加入上述固定效应的优点在于，能够在一定程度上克服部分潜在的内生性问题。

本节的实证研究样本包含了中国以及上述 196 个经济体的非平衡面板数据，样本的时间跨度为 2001～2017 年。各变量的描述性统计结果，如表 4.4 所示。其中，中国进口农产品质量指数 lnquality 的均值为 -0.661，标准差为 0.445，最小值为 -9.821，最大值为 0。这说明，中国从 15 个国家进口的农产品质量水平存在较大差异。即样本期内的被解释变量存在充分变动，从侧面体现出本节的研究意义和可行性。

表 4.4　　　　　　　　各变量的描述性统计结果

变量	观测值	均值	标准差	最小值	最大值	中位数
lnquality	45 463	-0.661	0.445	-9.821	0	-0.577
lnepu1	45 463	4.794	0.431	3.296	6.297	4.835
lnepu2	45 463	3.472	0.631	1.800	5.492	3.524
lnepu3	45 463	3.268	0.637	1.486	5.240	3.301
lnGDP	45 463	10.370	0.590	7.650	11.150	10.556
lnROE	45 463	1.959	0.113	1.815	2.113	1.922
lntariff	45 463	2.594	0.740	-0.223	4.801	2.708
SPS_j	45 463	15.360	19.610	0	96	8
FTA	45 463	0.0582	0.234	0	1	0

资料来源：笔者根据表 4.2 来源数据计算整理而得。

各变量之间的相关系数矩阵，见表 4.5。进口农产品质量与进口来源国的人均 GDP、中国的 SPS 措施数量、签订 FTA 协议呈正相关关系，而与经济政策不确定性、人民币汇率和进口关税呈负相关。此外，其他变量之间的相关性也较低。

表4.5 各变量之间的相关系数矩阵

变量	lnquality	lnepu1	lnGDP	lnROE	lntariff	SPS$_j$	FTA
lnquality	1.0000						
lnepu1	− 0.0062	1.0000					
lnGDP	0.1144	0.1657	1.0000				
lnROE	− 0.0148	− 0.4658	− 0.2814	1.0000			
lntariff	− 0.0010	0.0048	− 0.0116	0.0663	1.0000		
SPS$_j$	0.0767	0.1620	0.1175	− 0.3276	− 0.1249	1.0000	
FTA	0.0243	− 0.0399	− 0.1148	− 0.1539	− 0.0227	0.1194	1.0000

注：lnepu2 和 lnepu3 的结果类似，备索。
资料来源：笔者根据表4.2来源数据计算整理而得。

4.3.2 实证结果讨论

表4.6报告了用三种方法计算得出的经济政策不确定性对中国进口农产品质量影响的估计结果。其中，1~3行分别以 lnepu1、lnepu2 和 lnepu3 作为核心解释变量，以此来考察经济政策不确定性对中国进口农产品质量是否具有显著影响。用三种不同指标衡量经济政策不确定性对中国进口农产品质量影响的估计结果，见表4.6。观察表4.6的估计结果可知，用三种方法计算得出的经济政策不确定性对中国进口农产品质量的影响均显著为负，这意味着，进口来源国的经济政策不确定性上升会抑制中国进口农产品质量提升。就经济意义而言，以表4.6中的 lnepu1 行为例，进口来源国的经济政策不确定性每增加1个单位，中国进口农产品质量下降3.02%。

表 4.6　　　　　　　　　　　　**用三种不同指标衡量**
经济政策不确定性对中国进口农产品质量影响的估计结果

变量	lnquality		
	（1）	（2）	（3）
lnepu1	− 0.0302 ***		
	（0.0059）		
lnepu2		− 0.0286 ***	
		（0.0039）	
lnepu3			− 0.0299 ***
			（0.0038）
lnGDP	0.1167 ***	0.1117 ***	0.1115 ***
	（0.0035）	（0.0035）	（0.0035）
lntariff	− 0.0363 ***	− 0.0367 ***	− 0.0367 ***
	（0.0109）	（0.0109）	（0.0109）
lnROE	− 0.4277 ***	− 0.4589 ***	− 0.4614 ***
	（0.0656）	（0.0649）	（0.0649）
SPS_j	0.0008 ***	0.0008 ***	0.0008 ***
	（0.0002）	（0.0002）	（0.0002）
FTA	0.0589 ***	0.0653 ***	0.0644 ***
	（0.0087）	（0.0086）	（0.0086）
c	− 2.4846 ***	− 2.5379 ***	− 2.5425 ***
	（0.1430）	（0.1375）	（0.1372）
α_{ih}	YES	YES	YES
α_t	YES	YES	YES
N	45 463	45 463	45 463
R^2	0.2384	0.2389	0.2390

注：***、**、*分别表示在1%、5%和10%的水平上显著，括号内数字代表 t 值。
资料来源：笔者根据表 4.1 中的数据利用式（4 - 9）计算整理而得。

　　观察其他解释变量可得出五点结论：（1）出口国人均 GDP（lnG-DP）的系数显著为正，这表明出口国经济规模越大，中国进口农产品的质量也越高。可以这样理解，随着出口国社会经济发展水平提升，其生产并出口的农产品质量也得到了一定程度的提升，中国从其进口的农产品质量也得到了提升。（2）汇率（lnROE）的系数显著为负，说明汇率上升导致中国进口农产品质量下降。汇率上升代表人民币贬值，人民币的购买力随之下降，进口同一单位农产品的进口价格上升，而高质量的进口农产品往往是高价的，在汇率影响下，一国会选择进口质量相对较低的农产品。（3）进口关税（lntariff）与中国进口农产品质量呈负相关，在 1% 的水平上显著。进口关税的上升，阻碍了贸易自由化进程，贸易自由化会通过成本效应、竞争效应和学习溢出效应提升进口农产品质量，而关税上升切断了上述效应，从而抑制了进口农产品质量提升。（4）中国实施的卫生与植物检疫措施数量（SPS_j）与中国进口农产品质量呈正相关。SPS 措施作为农产品卫生检疫的进入门槛，与农产品质量关系密切。当进口国设置较为严格的 SPS 措施标准后，只有相对优质的农产品才能进入进口国市场。从理论上说，SPS 措施会通过强制遵从效应和信息传导效应促进进口农产品质量升级。（5）与出口国签订双边贸易协定（FTA）对中国进口农产品质量提升，也有显著的促进作用。随着中国进口农产品渠道的拓宽，进口来源地愈加丰富，而进口来源地的选择无疑会影响中国进口农产品质量，在此过程中，中国会优先选择与其签订双边贸易协定的伙伴国作为进口来源地。通过签订双边贸易协定开展互惠贸易，在一定程度上削弱了关税贸易壁垒和非关税贸易壁垒，能够大大提高贸易伙伴国之间的贸易便利化水平，对中国进口农产品的质量提升有益无害。

4.3.3 稳健性检验

1. 单位价值法测算质量

为了验证上述结论是否稳健，本节采用单位价值量作为农产品质量的代理变量进行实证检验，国内外经济政策不确定性对中国进口农产品单位价值影响的估计结果，如表 4.7 所示。观察表 4.7 可知，核心解释变量 lnepu1、lnepu2 和 lnepu3 的系数均显著为负，这一结果与表 4.6 的基准回归结果是一致的。在其他解释变量中，人均 GDP、中国实施的 SPS 措施数量以及与中国签订双边贸易协定，仍然与中国进口农产品质量显著正相关。进口关税和美元兑人民币汇率，仍然与中国进口农产品质量显著负相关。在此，中国进口农产品单位价值量近似地替代了中国进口农产品质量，换句话说，此项检验的结论可以类推为经济政策不确定性的升高，会抑制中国进口农产品质量升级。综上所述，上述实证结果从替换被解释变量的视角，验证了表4.6所得结论的稳健性。

表4.7　国内外经济政策不确定性对中国进口农产品单位价值影响的估计结果

变量	lnquality		
	（1）	（2）	（3）
lnepu1	− 0.0770 *** (0.0149)		
lnepu2		− 0.0821 *** (0.0097)	
lnepu3			− 0.0854 *** (0.0096)
lnGDP	0.2217 *** (0.0088)	0.2079 *** (0.0088)	0.2072 *** (0.0088)
lntariff	− 0.0609 ** (0.0273)	− 0.0619 ** (0.0273)	− 0.0619 ** (0.0273)
lnROE	− 0.4651 *** (0.1641)	− 0.4577 *** (0.1624)	− 0.4569 *** (0.1623)
SPS_j	0.0024 *** (0.0005)	0.0025 *** (0.0005)	0.0025 *** (0.0005)
FTA	0.1000 *** (0.0218)	0.1157 *** (0.0214)	0.1133 *** (0.0215)
c	8.8594 *** (0.3579)	8.7816 *** (0.3442)	8.7650 *** (0.3433)
α_{ih}	YES	YES	YES
α_t	YES	YES	YES
N	45 463	45 463	45 463
R^2	0.5279	0.5283	0.5284

注：***、**、*分别表示在1%、5%和10%的水平上显著，括号内数字代表 t 值。
资料来源：笔者根据表4.1中的数据利用式（4 - 9）计算整理而得。

2. 国内外经济政策不确定性

中国、进口来源国经济政策不确定性对中国进口农产品质量影响的估计结果，见表4.8。为了探究中国的经济政策不确定性是否会对中国进口农产品质量产生影响，表4.8引入了一个新的控制变量，即中国的经济政策不确定性。观察可知，进口来源国经济政策不确定性、中国经济政策不确定性（lnepu1j）的系数均显著为负，说明中国进口农产品质量会随着经济政策不确定性的升高而降低。且中国经济政策不确定性的系数更大，这表明，中国的经济政策不确定性相比于进口来源国的经济政策不确定性，对于中国进口农产品质量的影响程度更深。可能的原因在于，经济政策不确定性涵盖的范畴较为广泛，其中，也包含了贸易政策不确定性，中国经济政策不确定性升高势必会对中国的进出口贸易产生较为直接且强烈的影响，而进口来源国的经济政策不确定性属于外部经济政策不确定性，尽管该经济政策不确定性存在溢出效应，但是，要对中国进口农产品质量产生影响还需要一定的时限。表4.8中第（2）~（3）列更换了经济政策不确定性指标，估计结果与前面保持一致，具有稳健性。

表4.8　中国、进口来源国经济政策不确定性
对中国进口农产品质量影响的估计结果

变量	lnquality		
	（1）	（2）	（3）
lnepu1i	− 0. 0302 *** (0. 0059)		
lnepu1j	− 0. 3408 *** (0. 1277)		
lnepu2i		− 0. 0286 *** (0. 0039)	
lnepu2j		− 0. 1958 *** (0. 0577)	
lnepu3i			− 0. 0299 *** (0. 0038)

续表

变量	lnquality		
	(1)	(2)	(3)
lnepu3j			−0.1877***
			(0.0529)
α_{ih}	YES	YES	YES
α_t	YES	YES	YES
N	45 463	45 463	45 463

注：lnepu1i、lnepu2i 和 lnepu3i 为进口来源国经济政策的不确定性；lnepu1j、lnepu2j 和 lnepu3j 为中国经济政策的不确定性；括号内为回归系数的标准差；***、**、* 分别表示在 1%、5% 和 10% 的水平上显著，括号内数字代表 t 值。

资料来源：笔者根据表 4.1 中的数据利用式（4.9）计算整理而得。

3. 按不同时间段分样本回归

2001~2007 年按不同时间段分样本回归结果，见表 4.9。根据表 4.9 的进口来源国经济政策不确定性指数，我们可以发现，2001~2017 年，进口来源国经济政策不确定性指数的波动变化中有三个明显的拐点，分别是 2008 年、2012 年和 2016 年。为了避免某一阶段的极端情况影响总体结果，本节分别对 2001~2007 年、2008~2011 年、2012~2015 年以及 2016~2017 年四个时间段做回归分析。观察第（1）列、第（3）列、第（5）列和第（7）列，可以发现解释变量经济政策不确定性的系数在四个时间段内均显著为负，与基准回归结果保持一致。第（2）列、第（4）列、第（6）列和第（8）列更换为中国经济政策不确定性指标，估计结果仍旧保持稳健①。

4. 按高低质量农产品组分样本回归

考虑到经济政策不确定性对中国进口农产品质量的影响可能会因不同质量类别农产品而异，为了验证这一想法，本节按照第 4 章测算得到的 HS2 位码下的细分农产品的进口质量指数，把 HS01~HS24 这 24 类农

---

① lnepu3 的结果与 lnepu2 十分相似，备索。

表 4.9　2001～2017 年按不同时间段分样本回归结果

变量	2001～2007 年		2008～2011 年		2012～2015 年		2016～2017 年	
	(1)	(2)	(3)	(4)	(5)	(6)	(7)	(8)
lnepu1	-0.0123*** (0.0142)		-0.0506*** (0.0168)		-0.0658*** (0.0092)		-0.0364*** (0.0108)	
lnepu2		-0.0275*** (0.0068)		-0.0169** (0.0089)		-0.0589*** (0.0073)		-0.0229*** (0.0083)
α_{ih}	YES	YES	YES	YES	YES	YES	YES	YES
α_t	YES	YES	YES	YES	YES	YES	YES	YES
N	17 608	17 608	10 910	10 910	11 118	11 118	5 827	5 827

表中被解释变量为 Inquality。

注：***、**、* 分别表示在 1%、5% 和 10% 的水平上显著，括号内数字代表 t 值。

资料来源：笔者根据表 4.1 中的数据利用式（4.9）计算整理而得。

产品划分为高质量农产品组和低质量农产品组。划分依据为，平均质量指数高于 0.650 的为高质量农产品组，平均质量指数低于 0.650 的为低质量农产品组①。按高质量农产品组、低质量农产品组分样本回归结果，见表 4.10。由表 4.10 的回归结果可知，无论是全样本农产品，高质量农产品组还是低质量农产品组，经济政策不确定性对中国进口农产品质量的影响均显著为负，第（2）列、第（4）列和第（6）列为替换经济政策不确定性指标的结果，依旧保持稳健②。由此可见，经济政策不确定性对中国进口农产品质量的影响，并不会因不同质量类别的农产品而发生变化。

表 4.10　按高质量农产品组、低质量农产品组分样本回归结果

变量	lnquality					
	全样本农产品		高质量农产品组		低质量农产品组	
	（1）	（2）	（3）	（4）	（5）	（6）
lnepu1	− 0.0302 ***		− 0.0268 ***		− 0.0402 ***	
	（0.0059）		（0.0068）		（0.0123）	
lnepu2		− 0.0286 ***		− 0.0246 ***		− 0.0400 ***
		（0.0039）		（0.0045）		（0.0079）
α_{ih}	YES	YES	YES	YES	YES	YES
α_t	YES	YES	YES	YES	YES	YES
N	45 463	45 463	32 636	32 636	12 827	12 827

注：***、**、*分别表示在 1%、5% 和 10% 的水平上显著，括号内数字代表 t 值。
资料来源：笔者根据表 4.1 中的数据利用统计结果整理而得。

4.3.4　内生性问题处理

内生性问题的由来，不外乎变量测量误差、遗漏变量和双向因果关系三种情况。因此，微观产品层面的进口农产品质量反向影响宏观

---

① 高质量农产品组：HS01、HS02、HS03、HS04、HS05、HS08、HS12、HS15、HS18、HS19、HS20、HS21、HS22 和 HS24；低质量农产品组：HS06、HS07、HS09、HS10、HS11、HS13、HS14、HS16、HS17 和 HS23。
② inepu3 的结果与 inepu2 的结果十分相似，备索。

层面的经济政策不确定性的可能性不大，也就是说，基本上可以不用考虑由双向因果关系造成的内生性问题，因此，应更多地从遗漏变量角度来考虑内生性问题。具体地，采用工具变量法（IV 估计）来解决潜在的内生性问题，用经济政策不确定性的滞后一期作为当期变量的工具变量，该变量与误差项中的遗漏变量不相关。

内生性检验估计结果，见表 4.11。如表 4.11 中第（1）~（3）列所示，无论是基于 epu 均值（lnepu1）、epu 标准差（lnepu2）还是 epu 离差（lnepu3），经济政策不确定性对进口农产品质量的影响均显著为负，与基准回归结果无本质性差异，说明考虑了内生性问题后，核心结论依旧是稳健的。为了证明该工具变量的有效性，也做了相关的有效性检验。其中，在相关性检验中，较大的 Kleibergen-Paaprk LM 统计量说明不存在识别不足问题；在弱工具变量检验中，我们使用了 Kleibergen-Paaprk F 统计量和 Cragg-Donald Wald F 统计量来具体说明，两个统计量的值均大于 10% 水平下的临界值，可以拒绝"存在弱工具变量"的原假设。综上所述，所选的工具变量是有效的。通过工具变量法的重新估计，再次验证了结论的稳健性。其他解释变量并非研究重点，此处不再赘述。

表 4.11　　　　　　　　　内生性检验估计结果

变量	lnquality		
	（1）	（2）	（3）
lnepu1	− 0.0355 *** （0.0079）		
lnepu2		− 0.0493 *** （0.0085）	
lnepu3			− 0.0514 *** （0.0083）
lnGDP	0.0939 *** （0.0043）	0.0859 *** （0.0044）	0.0854 *** （0.044）
lntariff	− 0.0052 ** （0.0029）	− 0.0055 ** （0.0029）	− 0.0056 ** （0.0029）

续表

变量	lnquality		
	（1）	（2）	（3）
lnROE	− 0. 1320 *** （0. 0250）	− 0. 1108 *** （0. 0254）	− 01082 *** （0. 0251）
SPS$_j$	0. 0017 *** （0. 0001）	0. 0017 *** （0. 0001）	0. 0017 *** （0. 0001）
FTA	0. 0638 *** （0. 0088）	0. 0727 *** （0. 0086）	0. 0709 *** （0. 0086）
c	− 1. 7662 *** （0. 0926）	− 1. 6422 *** （0. 0974）	− 1. 6348 *** （0. 0953）
$α_{ih}$	YES	YES	YES
$α_t$	YES	YES	YES
KPLM	6194	5650	5795
KPF	30000	10000	9887
CDF	42000	8861	8959
N	45 463	45 463	45 463
R^2	0. 6945	0. 6940	0. 6939

注：KPLM 为 Kleibergen-Paaprk LM 统计量；KPF 为 Kleibergen-Paaprk F 统计量；CDF 为 Cragg-Donald Wald F 统计量。括号内为回归系数的标准差，***、**、* 分别表示在 1%、5% 和 10% 的水平上显著，括号内数字代表 t 值。

资料来源：笔者根据表 4.1 中的数据利用式（4.9）计算整理而得。

4.3.5 研究结论

4.3 节探究了经济政策不确定性对中国进口农产品质量的影响。选取了 epu 均值（lnepu1）、epu 标准差（lnepu2）和 epu 离差（lnepu3）三个指标来衡量进口来源国的经济政策不确定性，并以此作为实证模型的核心解释变量，引入人均 GDP、关税、汇率、SPS 措施数量以及是否签订 FTA，作为控制变量进行实证分析。总结前文的研究结果，可以得出以下两条结论。

（1）从基准回归结果来看，经济政策不确定性对中国进口农产品质量的影响显著为负，即随着进口来源国的经济政策不确定性上升，中国进口农产品质量下降。这一结论验证了我们的研究假设。在控制变量中，对中国进口农产品质量有显著正向影响的分别是出口国人均GDP、中国 SPS 措施数量以及与出口国签订 FTA。这说明，出口国经济规模的扩张、中国 SPS 措施数量的增加以及出口国与中国签订双边FTA，均有助于中国进口农产品质量升级。而进口关税和人民币汇率的上升，均会抑制中国进口农产品质量的提升。

（2）在稳健性检验中，共设计了五个方案：①用单位价值法重新测算中国进口农产品质量；②加入中国的经济政策不确定性这一控制变量；③按照不同时间段分样本回归，分别对 2001～2007 年、2008～2011 年、2012～2015 年以及 2016～2017 年四个时间段做回归分析；④按高质量农产品组、低质量农产品组分样本回归；⑤运用工具变量法处理内生性问题，以经济政策不确定性的滞后一期，作为工具变量重新进行回归分析。

以上五个方案的回归结果，都与基准回归结果保持一致，说明经济政策不确定性对中国进口农产品质量的影响非常稳健。

5 美国贸易政策对中美农产品贸易冲击影响实证分析——基于时变模型

5.1 引言

2017 年之后，特别在特朗普执政之后，美国开始实行贸易保护政策。其政策的实施，对全球经济造成不小的负面冲击，同时，中美贸易摩擦对中国经济增长造成不利冲击（张小宇和刘永富，2019）。中国自美国进口农产品由 2018 年的 100.3 亿美元快速回落至 37.9 亿美元，下降62.2%（农业农村部农业贸易促进中心，2019）。在逆全球化和贸易保护主义抬头的国际形势下，深入研究美国贸易环境，尤其是贸易保护措施对中国农产品贸易的影响，对中国未来农业生产和农产品贸易做深入规划具有重要的意义。

美国贸易环境的变动对中国乃至全球贸易发展，都将产生重要的影响（唐宜红和符大海，2017）。有关贸易政策不确定性的研究，主要集中在贸易政策不确定性测度，代表性文献有拉卡托斯和尼尔森（Lakatos and Nilsson，2016）、亨德利和利茂（Handley and Limao，2017）、贝克等（2016）。例如，汪亚楠和周梦天（2017）选取 2000 ~ 2006 年的数据，运用双重差分（DID）方法考察了贸易政策不确定性，研究发现关税减免扩大了出口产品范围，贸易政策不确定性将提高对于关税减免的变化弹性。无论短期还是长期，TPU 的下降显著地促进了出口企业的利润水平，而贸易开放是重要的传导机制。有关美国贸易政策变化对各类商品进出口贸易冲击影响的文献较多，但集中于贸易政策变化对农产品进出口贸易冲击影响的文献并不多见。本章借鉴贝克等（2016）构建的美国贸易政策指数，采用带有随机波动性的TVP-SVAR 模型，系统考察美国贸易政策变化对中美农产品贸易冲击影响分析，旨在为中国政府及农产品进出口企业推进农产品贸易便利化提供借鉴。

5.2 研究方法与数据说明

5.2.1 研究方法

在研究美国贸易政策对中国农产品进出口贸易冲击影响上，采用向量自回归模型。从斯密斯（Sims，1980）构建 VAR 模型以来，其模型得到不断发展。但 CP-VAR 模型不能解决变量间的参数固定、估计效果有限的问题。珀瑞美斯·G. E.（Primiceri G. E.，2005）在 VAR 模型中融入时变参数，库普（Koop，2009）和中岛等（Nakajima et al.，2011）改良了时变参数模型，并衍生出带有随机波动性的 TVP-SVAR 模型。中岛等（2011）和贝基罗斯（Bekiros，2014）用模型分别研究了日本经济和欧洲经济。借此，本章选用 SV-TVP-SVAR 模型进行实证研究，有效地解决了相关关系不稳定及存在异方差带来的估计偏误问题。

SV-TVP-SVAR 模型的基础设定，源自结构 VAR。迈克尔斯和沃兹卡（Michaelis and Watzka，2017）、鲍迈斯特等（Baumeister et al.，2013）的基础结构 VAR 可以表示为：

$$Ay_t = F_1 y_{t-1} + \cdots + F_s y_{t-s} + u_t, \quad t = s+1, \cdots, n \quad (5.1)$$

在式（5.1）中，S 为滞后期数；y_t 为 k 维列向量。A 和 F_1，…，F_s 均为 k×k 维系数矩阵；u_t 是 k×1 维结构冲击，且 $\mu_t \sim N(0, \sum \sum)$，其中：σ 为标准差。假定结构冲击服从递归识别，A 矩阵具有以下形式。

$$\sum = \begin{pmatrix} \sigma_1 & 0 & \cdots & 0 \\ 0 & \sigma_2 & \ddots & \vdots \\ \vdots & \ddots & \ddots & \vdots \\ 0 & \cdots & \cdots & \sigma_k \end{pmatrix} \qquad A = \begin{pmatrix} 1 & 0 & \cdots & 0 \\ a_{21} & \ddots & \ddots & \vdots \\ \vdots & \ddots & \ddots & 0 \\ a_{k1} & \cdots & a_{kk-1} & 1 \end{pmatrix}$$

对模型进行缩减，可得到 SVAR 模型：

$$y_t = B_1 y_{t-1} + \cdots + B_s y_{t-s} + A^{-1} \sum \varepsilon_t, \qquad \varepsilon_t \sim N(0, I_k) \qquad (5.2)$$

在式（5.2）中，$B_i = A^{-1}F_i$，其中，i = 1，…，s；将 B_i 的行元素转换为 β 形式，β 为 $k^2 s \times 1$ 阶向量；设定 $X_t = I_s \otimes (y'_{t-1}, \cdots, y'_{t-s})$。SVAR 模型可改写为如下形式：

$$y_t = X_t \beta + A^{-1} \sum \varepsilon_t \qquad (5.3)$$

然后，设定模型参数时变，建立带有随机波动性的 TVP-SVAR 模型，表述如下：

$$y_t = X_t \beta_t + A_t^{-1} \sum\nolimits_t \varepsilon_t \qquad (5.4)$$

在式（5.4）中，β_t、A_t 和 $\sum_t$ 为模型时变参数。参照珀瑞美斯·G. E.（2005）的研究，针对结构性矩阵 A_t 中的无约束因素重组为 k（k-1）/2 维列向量，即 $a_t = (a_{21}, a_{31}, a_{32}, a_{41}, \cdots, a_{k,k-1})'$ 形式，且 $h_t = (h_{1t}, h_{2t}, \cdots, h_{kt})$，其中，$h_{jt} = Ln\sigma_{jt}^2$，j = 1，…，k。同时，设定模型参数服从随机游走过程，见式（5.5）、式（5.6）：

$$\beta_{t+1} = \beta_t + u_{\beta t}, \qquad a_{t+1} = a_t + u_{at}, \qquad h_{t+1} = h_t + u_{ht} \qquad (5.5)$$

且：$\beta_{s+1} \sim N(\mu_{\beta_0}, Q)$，$a_{s+1} \sim N(\mu_{a_0}, W)$，$h_{s+1} \sim N(\mu_{h_0}, S)$

$$(5.6)$$

$$\begin{pmatrix} \varepsilon_t \\ u_{\beta t} \\ u_{at} \\ u_{ht} \end{pmatrix} \sim N\left(0, \begin{pmatrix} I_k & 0 & 0 & 0 \\ 0 & Q & 0 & 0 \\ 0 & 0 & S & 0 \\ 0 & 0 & 0 & W \end{pmatrix}\right) \tag{5.7}$$

在式（5.7）中，Q、S 和 W 为相应的协方差正定矩阵，S 矩阵具有分块对角性质（Q 服从 IW 分布或者 IG 分布，S 和 W 均服从 IG 分布）。在具体实证分析时，可基于蒙特卡洛（MCMC）方法进行模拟抽样，在获得模型后验概率分布的基础上，对模型参数进行系统估计（刘永余和王博，2015）。

5.2.2 数据说明

本章选取 HS02、HS03、HS04、HS07、HS08、HS09、HS10 和 HS12 八类具有代表性的农产品进行考察，在变量的数据选取上，美国贸易政策数据来自贝克（2015）测量的 TPU，进出口数据来自全球统计数据/分析平台（Economy Prediction System，EPS）和中国海关总署网站、数据查询平台，个别缺失数据采用对数插值法补齐，中美相对 CPI 来自 OECD（2010 年为基期）。样本区间为 2002 年 1 月至 2018 年 3 月，并对研究的月度数据进行 X12 季节调整，消除季节性波动的影响。此外，为确保时间序列的平稳性，采用各农产品进出口额的波动率，公式为：$S_t = 100 \times \Delta LnY_t$，$S_t$ 为第 t 期的进出口额波动率，Y_t 为第 t 期的进出口额。TPU 数据采用 TPU_t/TPU_{t-1} 变化率，相对 CPI 采用 ΔCPI，处理后，各序列的变量名称，与表 5.1 相同。美国贸易政策指数走势，如图 5.1 所示，图中标注了雷曼兄弟破产、美国主权信用评级下降、特朗普就职、"301"调查等美国重要贸易环境的时间节点。

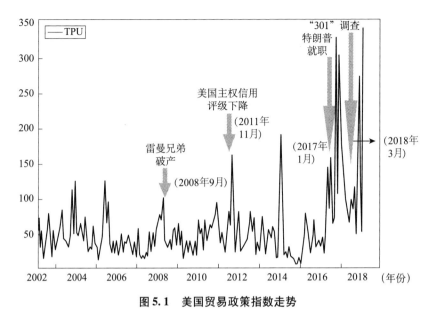

图 5.1　美国贸易政策指数走势

资料来源：经济不确定性指数网站．http：//www. policyuncertainty. com/．

5.3　实证结果与实证分析

5.3.1　数据检验

因本章所选用数据为时间序列，为防止出现伪回归，对各变量进行单位根检验，2002～2018 年平稳性检验结果，见表 5.1。由表可知，HS 农产品进出口贸易数据，美国贸易政策指数以及中美相对 CPI 指数基本上都通过了 1% 的显著性检验①，说明所选研究数据平稳，可用于构建带有随机波动性的 TVP-SVAR 模型。借助常数 VAR 模型确定滞后期的方法，根据 LR 准则、AIC 准则、SIC 准则和 HQIC 准则共同确定。

---

① 为了确保序列平稳性的精确，此次共用了六种方法检验序列平稳性，在此，为节约篇幅省略了 ERS 检验和 NG 检验。

表 5.1　　　　　　　2002～2018 年平稳性检验结果

类型	变量	检验类型 (C, T,)	ADF 检验统计值	PP 检验统计值	DF - GLS 检验统计值	KPSS 检验统计值	检验结果
HS02	进口	(0, 0)	- 8.84 (2) ***	- 13.96 (9) ***	- 7.67 (9) ***	0.03 (9) ***	平稳
	出口	(0, 0)	- 12.03 (2) ***	- 69.31 (47) ***	- 20.3 (0) ***	0.15 (48) ***	平稳
HS03	进口	(0, 0)	- 13.33 (1) ***	- 28.6 (13) ***	- 2.23 (10) *	0.06 (18) ***	平稳
	出口	(0, 0)	- 13.95 (2) ***	- 49.9 (30) ***	- 12.3 (2) ***	0..22 (24) ***	平稳
HS04	进口	(0, 0)	- 19.31 (0) **	- 21.26 (9) ***	- 18.62 (0) ***	0.08 (13) ***	平稳
	出口	(0, 0)	- 9.90 (4) ***	- 28.97 (23) ***	- 17.40 (0) ***	0.062 (21) ***	平稳
HS07	进口	(0, 0)	- 10.98 (3) ***	- 48.76 (190) ***	- 18.5 (0) ***	0.13 (47) ***	平稳
	出口	(0, 0)	- 16.22 (1) ***	- 26.87 (2) ***	- 16.17 (1) ***	0.19 (7) ***	平稳
HS08	进口	(0, 0)	- 20.41 (0) ***	- 25.30 (18) ***	- 1.46 (10) *	0.08 (30) ***	平稳
	出口	(0, 0)	- 10.86 (4) ***	- 36.30 (48) ***	- 21.56 (0) *	0.317 (79) ***	平稳
HS09	进口	(0, 0)	- 16.76 (1) ***	- 45.92 (35) ***	- 6.83 (2) ***	0.31 (127) ***	平稳
	出口	(0, 0)	- 15.45 (1) ***	- 29.27 (25) ***	- 13.36 (1) ***	0.37 (77) ***	平稳
HS10	进口	(0, 0)	- 13.62 (2) ***	- 29.34 (7) ***	- 13.42 (2) ***	0.05 (9) ***	平稳
	出口	(0, 0)	- 11.48 (3) ***	- 49.32 (26) ***	- 25.21 (0) ***	0.091 (30) ***	平稳
HS12	进口	(0, 0)	- 13.06 (1) ***	- 29.46 (31) ***	- 12.87 (0) ***	0.28 (48) ***	平稳
	出口	(0, 0)	- 14.47 (1) ***	- 29.11 (3) ***	- 14.11 (1) ***	0.45 (170) **	平稳
美国贸易政策指数	(TPU)	(C, 0)	- 18.53 (0) ***	- 22.50 (21) ***	- 2.03 (5) **	0.36 (41) **	平稳

注：检验类型（C, T）中 C 和 T 分别为截距项、趋势项，其中，ADF 检验和 DF-GLS 检验括号内是相应信息准则推断的滞后阶数，PP 检验和 KPSS 检验括号内是相应的带宽数。
***、**、* 分别表示在 1%、5% 和 10% 的水平上显著性。
资料来源：笔者根据全球统计数据/分析平台（Economy Prediction System, EPS）、中国海关总署网站、数据查询平台查询的结果计算整理而得。

5.3.2　模型估计与诊断结果

在进行 SV-TVP-SVAR 模型估计前，先设定模型参数的初始值和先验值。参照珀瑞美斯·G. E.（2005）和中岛等（2011）的研究，为了更好地拟合数据模型，研究选取了两种先验假设①。

先假定 $\mu_{\beta_0} = \mu_{a_0} = \mu_{h_0} = 0$。H0：$(Q)_i^{-2} \sim G(40, 0.02)$，$(S)_i^{-2} \sim G(4, 0.02)$，$(W)_i^{-2} \sim G(4, 0.02)$，其中，$Q_0 = S_0 = 10I$，$W_0 = 100I$；H1：$Q \sim IW(25, 0.01I)$，$(S)_i^{-2} \sim G(2, 0.01)$，$(W)_i^{-2} \sim G(2, 0.01)$，其中，$Q_0 = S_0 = 10I$，$W_0 = 4I$。同时，采用 MCMC 方法对参数的条件后验概率进行模拟抽样，迭代次数设为 20000 次，并预先抽取前 2000 个样本②，形成估计参数的后验分布。SV-TVP-SVAR 模型估计的诊断结果，见表 5.2。③ 此外，参数无效因子最大值为 97.12。根据实证分析过程中的抽样次数可知，至少可以获得 205.93 个不相关样本。由此，本章模型参数的估计有效。

表 5.2 **SV-TVP-SVAR 模型估计的诊断结果**

类型	CD 检验	$(\sum_\beta)_1$	$(\sum_\beta)_2$	$(\sum_a)_1$	$(\sum_a)_2$	$(\sum_h)_1$	$(\sum_h)_2$
HS02	进口	4.49	6.15	42.4	33.07	60.53	76.93
	出口	6.15	6.45	22.7	40.71	55.32	79.58
HS03	进口	4.29	5.54	35.49	24.55	44.91	75.34
	出口	6.95	4.43	36.16	26.22	61.28	59.79
HS04	进口	7.45	4.49	46.12	28.83	61.25	77.32
	出口	5.44	4.95	30.71	29.05	49.24	97.12
HS07	进口	6.85	5.30	22.89	25.40	74.65	96.47
	出口	6.47	3.19	24.34	36.75	71.70	55.11
HS08	进口	10.96	15.13	52.52	32.94	50.23	69.62
	出口	8.33	6.70	39.26	44.25	58.91	68.62
HS09	进口	4.51	5.55	39.25	25.94	75.21	90.27
	出口	3.12	3.29	22.71	26.40	50.50	67.69

---

① 通过不同先验设定结果的对比（包括样本自相关、样本路径和后验分布以及 CD 统计值），变量 im08、变量 ex08 和变量 ex12 选择备用先验 H1，其余选择原先验 H0。

② 经过对比，模拟抽样 10000 次、20000 次和 40000 次，发现抽样在 10000 次，基本上就能很好地反映模拟情况。

③ 各模型估计参数的 Geweke 值在 5% 的水平上均小于 1.96 的临界值（限于篇幅，此处省略），接受模型参数收敛于后验分布的原假设。

类型	CD 检验	$(\sum_\beta)_1$	$(\sum_\beta)_2$	$(\sum_a)_1$	$(\sum_a)_2$	$(\sum_h)_1$	$(\sum_h)_2$
HS10	进口	7.00	4.78	34.89	38.62	71.83	97.04
	出口	4.63	4.94	31.85	32.59	73.08	74.99
HS12	进口	6.31	6.52	24.54	42.78	47.87	80.20
	出口	11.18	11.04	47.72	34.87	57.82	47.64

资料来源：笔者根据表 5.1 中的数据利用式（5.1）~式（5.7）计算整理而得。

此外，根据 SV-TVP-SVAR 模型估计所得样本自相关系数、样本路径及后验分布，表明样本自相关呈稳定下降趋势，样本路径基本平稳、后验分布均匀。再从所得后验波动来看，后验波动趋势与各类农产品的进出口波动态势大致相同。由此得出，采用带有随机波动性的 TVP-SVAR 模型，可较好地刻画中美主要农产品贸易市场波动与美国贸易政策变化的关系。

5.3.3　实证结果分析

根据 SV-TVP-SVAR 模型，可测出不同时间点下美国贸易政策对中美主要农产品进出口贸易冲击的情况。为测定近年来美国贸易政策的变化，此处观察的三个时间冲击点分别为 2008 年 9 月雷曼兄弟破产、2011 年 8 月美国主权信用评级下降和 2017 年 1 月特朗普就职并宣布一系列贸易政策。图 5.2 ~ 图 5.7 显示，中美主要农产品进出口贸易受政策冲击的时点脉冲响应。

1. 肉类、鱼类和乳蛋类进出口贸易时点脉冲响应

（1）进口冲击

美国贸易政策对肉类和乳蛋类两类进口农产品初始点的冲击表现为正，随时间变化冲击逐渐转负，之后又转为正值，大体表现出"正—负—正"交替，对鱼类初始时点的冲击显示为负，并在冲击后期迅速回升，波动也逐步减弱。肉类、鱼类和乳蛋类进口贸易时点脉冲图，见图 5.2。2008 年的冲击和 2011 年的冲击相比，2011 年的时点脉冲幅

度更大，冲击影响在 6 期之后趋于平稳，见图 5.2。

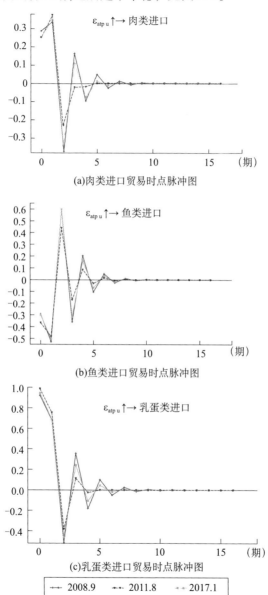

(a)肉类进口贸易时点脉冲图

(b)鱼类进口贸易时点脉冲图

(c)乳蛋类进口贸易时点脉冲图

—— 2008.9　　—— 2011.8　　—— 2017.1

图 5.2　肉类、鱼类和乳蛋类进口贸易时点脉冲图

资料来源：笔者根据 SV-TVP-SVAR 模型整理估测绘制而得。

（2）出口冲击

美国贸易政策对肉类、鱼类和乳蛋类三类出口农产品初始点的冲击显著为负。随时间变化冲击转正，表现出"负—正—负"的交替，在滞后 8 期均趋于平稳。在 2008 年、2011 年和 2017 年三个时点上，冲击变化差异并不大。肉类、鱼类和乳蛋类出口贸易时点脉冲图，见图 5.3。从脉冲幅度看，美国贸易政策对肉类农产品的出口负向冲击幅度较小，对鱼类农产品的出口负向冲击幅度较大。

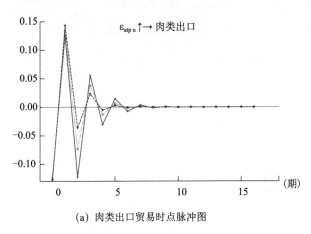

（a）肉类出口贸易时点脉冲图

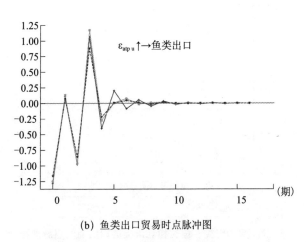

（b）鱼类出口贸易时点脉冲图

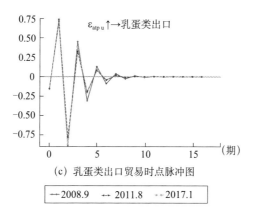

（c）乳蛋类出口贸易时点脉冲图

```
── 2008.9   ─✕─ 2011.8   ─ 2017.1
```

图 5.3　肉类、鱼类和乳蛋类出口贸易时点脉冲图

资料来源：笔者根据 SV-TVP-SVAR 模型整理估测绘制而得。

2. 蔬菜类、水果类和茶类进出口贸易时点脉冲响应

（1）进口冲击

蔬菜类、水果类和茶类进口贸易时点脉冲图，见图 5.4。从图中可知，美国贸易政策对蔬菜类、水果类和茶类三类进口农产品初始点的冲击，显著为负。随时间变化冲击转正，表现出"负—正—负"的波动态势，且都在滞后 1 期达到极大值，滞后 2 期达到极小值。蔬菜和水果在滞后 6 期开始趋于平稳，而茶类在滞后 8 期趋于平稳。

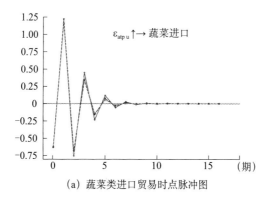

（a）蔬菜类进口贸易时点脉冲图

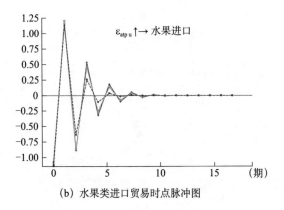

（b）水果类进口贸易时点脉冲图

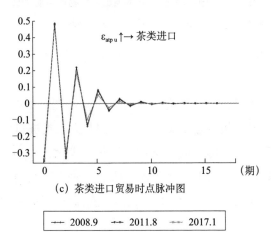

（c）茶类进口贸易时点脉冲图

| —•— 2008.9 —+— 2011.8 —▲— 2017.1 |

图5.4　蔬菜类、水果类和茶类进口贸易时点脉冲图

资料来源：笔者根据 SV-TVP-SVAR 模型整理估测而得。

（2）出口冲击

蔬菜类、水果类和茶类出口贸易时点脉冲图，见图5.5。从图中可知，美国贸易政策对蔬菜类和茶类两类出口农产品初始点的冲击，显著为正。表现出"正—负—正"交替波动，但茶类的波动幅度要小得多。而对水果类出口初始点的冲击显著为负，表现为"负—正—负"交替。蔬菜类在滞后8期趋向平稳，水果类在滞后9期趋向平稳，茶类在滞后5

期趋向平稳。从脉冲幅度看，美国贸易政策对蔬菜类、水果类出口农产品负向冲击幅度较大，对茶类农产品的出口负向冲击幅度较小。

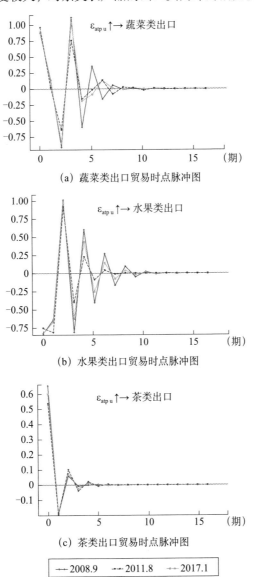

(a) 蔬菜类出口贸易时点脉冲图

(b) 水果类出口贸易时点脉冲图

(c) 茶类出口贸易时点脉冲图

——— 2008.9　－－ 2011.8　·–·· 2017.1

图 5.5　蔬菜类、水果类和茶类出口贸易时点脉冲图

资料来源：笔者根据 SV-TVP-SVAR 模型估测而得。

3. 谷物类和油籽类进出口贸易时点脉冲响应

（1）进口冲击

谷物类和油籽类进口贸易时点脉冲图，见图 5.6。从图中可知，美国贸易政策对谷物类和油籽类两类进口农产品初始点的冲击表现为负，随时间变化冲击转正，大体表现出"负—正—负"交替。对谷物类冲击在滞后 1 期和滞后 2 期分别达到极大值和极小值，在滞后 5 期，冲击影响趋于平稳。对油籽类冲击在滞后 2 期和滞后 3 期分别达到极大值和极小值，并在滞后 6 期趋于平稳。

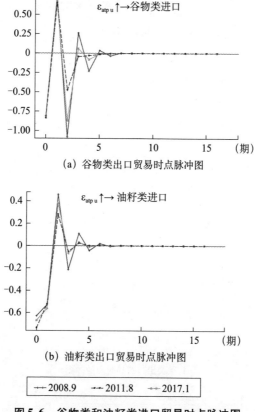

（a）谷物类出口贸易时点脉冲图

（b）油籽类出口贸易时点脉冲图

图5.6　谷物类和油籽类进口贸易时点脉冲图

资料来源：笔者根据 SV-TVP-SVAR 模型整理估测绘制而得。

（2）出口冲击

谷物类和油籽类出口贸易时点脉冲图，见图 5.7，从图中可知，美国贸易政策对谷物类和油籽类两类出口农产品初始点的冲击，显著为正。大体上表现出"正—负—正"交替的波动。在滞后 7 期、滞后 8 期均趋于平稳。从脉冲幅度看，美国贸易政策对谷物类出口和油籽类出口，负向冲击幅度均较小。

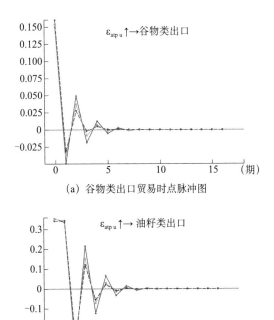

（a）谷物类出口贸易时点脉冲图

（b）油籽类出口贸易时点脉冲图

图5.7　谷物类和油籽类出口贸易时点脉冲图

资料来源：笔者根据 SV-TVP-SVAR 模型整理估测绘制而得。

5.4　脉冲模型拟合数据分析

TPU 脉冲数值分析，见表 5.3，是从脉冲结果中提取数据计算整理而来，单位为一个脉冲 mc（计算一个时间点，产生一个脉冲结果，然后，所有脉冲响应除以响应的滞后期长度加权计算，估计可能存在偏差）。MC 的单位脉冲设为 H，公式如下：$H = \sum_{t=1}^{193} m_t (\int_0^n x_{(i,t)} d_i / n)$，其中，$m_t$ 为相应权重（$m_t \in (0, 1)$），n 为对应脉冲响应趋于 0 时的滞后期数（$n \in (0, 15)$ 且为整数），t 为总的样本期（$t \in (0, 193)$），$x_{(i,t)}$ 为对应时点脉冲函数。经过比较，能合理解释各脉冲影响，基本上符合实际。

从 TPU 脉冲数值分析来看，就冲击波动幅度而言，美国贸易政策变化对谷物类出口冲击最小（ - 0.05， 0.16），对鱼类出口冲击最大（ - 1.25， 1.25）。就冲击累计值而言，冲击影响累计值最小的是乳蛋类出口（ - 0.017），最大的是乳蛋类进口（ + 0.94）。可以发现，累计脉冲影响都小于或相近于波动范围。美国贸易政策对各类农产品的总累计冲击表现为，肉类进口初始冲击为正，累计影响为正且转弱；肉类出口初始冲击为负，累计影响由负转正且都很微弱。鱼类进口初始冲击为负，累计影响也为负且较强；鱼类出口初始冲击为负，累计影响为负且都较强。乳蛋类进口初始冲击为正，累计影响为正且很强；乳蛋类出口初始冲击为负，累计影响为负且极弱。蔬菜类进口初始冲击为负，累计影响为正且较强；蔬菜类出口初始冲击为正，累计影响为正且有一定影响。水果类进口初始冲击为负，累计影响由正转负且较弱；水果类出口初始冲击为负，累计影响为负且很强。茶类进口初始冲击为负，累计影响为正且微弱；茶类出口初始冲击为正，累计影响为正且不强。谷物类进口初始冲击为负，累计影响为负且逐渐减弱；谷物类出口初始冲击为正，累计影响为正且很微弱。油籽类进口初始

表 5.3

TPU 脉冲数值分析

IM	初始冲击	波动初始范围	波动末范围	脉冲影响变动	EX	初始冲击	波动初始范围	波动末范围	脉冲影响变动
HS02	+	(−0.36, 0.36)	(−0.25, 0.3)	(+0.26_ +0.1)	HS02	−	(−0.125, 0.125)	(−0.15, 0.15)	(−0.054_ +0.057)
HS03	−	(−0.5, 0.6)	(−0.5, 0.45)	(−0.32_ −0.3)	HS03	−	(−1.25, 1.25)	(−1.1, 0.8)	(−0.6_ −0.7)
HS04	+	(−0.52, 1)	(−0.4, 1)	(+0.94_ +0.9)	HS04	−	(−0.9, 0.75)	(−0.9, 0.75)	(−0.017_ −0.017)
HS07	−	(−0.75, 1.25)	(−0.75, 1.25)	(+0.38_ +0.34)	HS07	+	(−0.9, 1.2)	(−0.9, 1.2)	(+0.3_ +0.3)
HS08	−	(−1.2, 1.25)	(−1.2, 1.25)	(+0.1_ −0.05)	HS08	−	(−0.85, 1)	(−0.85, 1)	(−0.62_ −0.52)
HS09	−	(−0.35, 0.5)	(−0.35, 0.5)	(+0.05_ +0.05)	HS09	+	(−0.2, 65)	(−0.2, 65)	(+0.23_ +0.22)
HS10	−	(−1.1, 0.75)	(−0.85, 0.75)	(−0.73_ −0.18)	HS10	+	(−0.05, 0.16)	(−0.35, 0.16)	(+0.07_ +0.085)
HS12	−	(−0.65, 0.48)	(−0.75, 0.3)	(−0.51_ −0.66)	HS12	+	(−0.3, 0.35)	(−0.3, 0.35)	(+0.33_ +0.32)

注：初始冲击是指，最初美国贸易环境的影响，"+""−"分别代表正向和负向。波动初始范围是指，冲击在同轴前期产生的脉冲范围。波动末范围是指，脉冲的时间轴后期冲击范围（非滞后波动范围）。脉冲影响变动是指，按时点脉冲分次提取加权的总冲击影响。

资料来源：笔者根据贸易政策不确定性（TPU）脉冲数值计算整理而得。

冲击为负,累计影响为负且很强;油籽类出口初始冲击为正,累计影响为正且较强。

5.5 研究结论及政策建议

基于 2002 年 1 月~2018 年 3 月中美主要农产品贸易月度数据和美国贸易政策 TPU 指数,运用 SV-TVP-SVAR 模型,分析美国贸易政策对中美农产品贸易的冲击影响,得出以下三点研究结论。

(1) 美国贸易政策的变化对中美农产品贸易冲击具有显著的时变特征,美国贸易政策在不同时期对中美农产品进出口的影响不同。美国贸易政策对不同种类农产品的冲击,有显著差异。在美国贸易政策冲击下,脉冲幅度影响最小的农产品是谷物类出口,脉冲幅度影响最大的是鱼类出口。而脉冲幅度影响累计最小的是乳蛋类出口,最大的是乳蛋类进口。美国贸易政策对中国农产品的进出口,有明显的周期性影响。随着滞后期的扩展,美国贸易政策的冲击影响逐渐减弱。

(2) TPU 脉冲显示,美国贸易环境的变化对肉类进口、乳蛋类进口、蔬菜类出口、茶类出口、谷物类出口和油籽类出口有一定促进作用。而对其他农产品的进出口有明显的负向作用。

(3) 特朗普执政后采取的贸易保护政策,对中国水果类等农产品出口的负面作用明显。特朗普执政后所奉行的贸易保护主义政策,对中国主要进口农产品冲击的负面作用非常明显,大部分冲击持续基本上在 8 个月以上。

基于上述结论,提供如下三点政策建议。

(1) 深入开展农产品市场多边合作,构建区域 FTA。短期而言,中美农产品贸易仍受美国贸易政策的影响。长期来看,在重视中美贸易谈判的同时,还要积极寻求和其他国家的贸易合作,强化与现有贸易伙伴之间的合作力度,发挥中国农产品在不同国家间的优势作用和互补作用。

（2）要完善针对贸易政策不确定性的保障措施，加大市场监管，实现贸易市场实时调控，并缓解贸易政策变化带来的不利冲击。

（3）完善贸易保护制度和贸易协调制度，妥善处理贸易纠纷和贸易风险。当前，贸易保护主义风潮盛行，贸易政策环境冲击对中国农产品贸易的影响不仅表现在与美国的贸易上，同时，在与其他国家的贸易活动中也有所体现。因此，要提升中国农产品质量，提高农产品贸易便利化水平。

6 美国贸易政策、汇率对中美产品质量的短期冲击检验

6.1 引言

近年来，国内外学者在 TPU、汇率和产品质量影响方面的研究，有不少成果。有关 TPU 对产品质量的影响，凌枫等（Ling Feng et al.，2017）研究发现，TPU 下降促进新企业进入市场，从而提升出口产品质量。苏理梅等（2016）指出，TPU 值越低，同时也降低了产品质量。有关汇率对产品质量的影响，于津平等（2014），许家云等（2015）研究发现，汇率对高技术含量产品的影响要弱于对低技术含量产品的影响，且人民币升值促进出口结构优化并提升出口产品质量。张夏等（2020）指出，固定汇率制度导致低质量产品的生产企业涌入市场，但企业生产率的提升能有效地缓解其对产品质量的影响。另外，王雅琦等（2015）研究表示，汇率的作用存在时滞性。总体来看，结合 TPU 和汇率两方面来探究的文献相对较少，特别是从短期动态角度探讨在中美贸易摩擦背景下考察 TPU 和汇率对产品质量影响的文献则更少。因而本章将在上述文献基础上，对 TPU 及汇率对产品质量的影响研究做进一步拓展。

本章可能的创新点为以下四点。

（1）大多研究进出口贸易的文献使用年度数据，而本章选取了2018 年中美双方贸易清单上产品的月度数据（包含代表性产品 HS8 位

码下的 550 个[1]），便于短期动态分析。

（2）在 TPU 的测度上，现有文献中 TPU 的度量大多采用关税差分法[2]或不确定性指数法。关税差分法使用最惠国（MNF）的约束关税与现行关税的差值作为 TPU 的代理变量，而不确定性指数法则是将网站上不确定性的关键词标准化来度量 TPU。以上方法都存在片面性，本章结合这两种测度方式，将关税差分看作基准并将不确定性指数作为权重，构造了每一类产品的 TPU 指数。

（3）目前，以中美贸易摩擦为背景的文献大多为理论分析（刘慧和项卫星，2019；张小宇和刘永富，2019），本章采用非线性 SV-TVP-VAR 模型，可以更好地从实证角度探讨 TPU 和汇率对质量冲击的短期动态效应。

（4）基于现有文献对 TPU 和汇率的研究，本章从企业和产品异质性两个角度，推导了产品质量、TPU 和汇率之间的联系。

6.2 贸易政策不确定性、汇率对产品质量的冲击效应分析

6.2.1 TPU 的短期冲击效应

首先，在需求上借用施炳展和曾祥菲（2015）所使用的 CES 效用函数。在式（6.1）中，σ 表示产品替代弹性，λ 表示产品质量，q 表示需求量，ω 表示产品类别，Ω 表示消费集（下文推导，以美国进口中国产品为例）。

$$U = \left\{ \sum_{\omega \in \Omega} \left[\lambda(\omega) q(\omega) \right]^{\frac{\sigma-1}{\sigma}} \right\}^{\frac{\sigma}{\sigma-1}} \tag{6.1}$$

---

[1] 数据从 2012 年 1 月到 2019 年 12 月，累计产品月度数据 158400 条。

[2] 使用关税差分法的文献，大多考察中国加入 WTO 后关税减免所带来的经济效益，而该方法不适用于分析 2003 年之后的 TPU，因最惠国的约束关税和现行关税在中国加入 WTO 后没有显著变化。

求解消费者最优化问题，可知消费者产品需求为：

$$q(\omega) = [\lambda(\omega)]^{\sigma-1}\frac{[p(\omega)]^{-\sigma}}{P}Y \tag{6.2}$$

在式（6.2）中，$p(\omega)$ 表示产品的进口价格，P 表示产品的总价格指数 CPI，Y 表示产品总支出。在供给上，企业在销售过程中主要存在运输成本（a）、固定成本（F）及企业生产成本（δ）。此外，本节将贸易政策不确定性（t）和中美汇率（e）引入模型，构成企业成本的一部分。在式（6.3）中，收益 > 0，对应企业收益为正的情况；收益 ≤ 0，对应企业收益为负的情况。

$$p(\omega) = \begin{cases} \dfrac{\delta}{e}(a)(1+t)+F, & 收益 > 0 \\ 0, & 收益 \leq 0 \end{cases} \tag{6.3}$$

在企业收益为正的情况下，需求量为：

$$q(\omega) = [\lambda(\omega)]^{\sigma-1}\frac{\left[\dfrac{\delta}{e}(a)(1+t)+F\right]^{-\sigma}}{P}Y \tag{6.4}$$

将式（6.4）做调整可得：

$$\lambda(\omega) = \left(\frac{\delta}{e}(a)(1+t)+F\right)^{\frac{\sigma}{\sigma-1}}\left(\frac{q.P}{Y}\right)^{\frac{1}{\sigma-1}} \tag{6.5}$$

在式（6.5）中，对 t 求偏导，可得：$\dfrac{\partial\lambda}{\partial t} = \dfrac{\delta}{e}(a)\left(\dfrac{qpP}{Y}\right)^{\frac{1}{\sigma-1}}\dfrac{\sigma}{\sigma-1} > 0$，即产品质量与 TPU 正相关。

其次，考虑产品质量、替代弹性和企业竞争力三者的关系，并作为后续机理分析的前提条件，对式（6.5）两边取对数可得：

$$\ln\lambda = \frac{\sigma}{(\sigma-1)}\ln p + \frac{1}{\sigma-1}\ln\left(\frac{qP}{Y}\right) \tag{6.6}$$

由式（6.6）可知，$\dfrac{\partial\ln\lambda}{\partial\sigma} = \left(\dfrac{-1}{(\sigma-1)^2}\ln\left(\dfrac{qpP}{Y}\right)\right) \leq 0 \rightarrow \dfrac{\partial\lambda}{\partial\sigma} \leq 0$，产品质量和替代弹性负相关，即质量越高的产品其替代弹性越低。再考虑产品质量和企业竞争力的关系，企业竞争力为 k，总劳动力成本为 w，单

位劳动力成本为 w/k。企业的利润函数 π 为：

$$\pi = [\lambda (\omega)]^{\sigma-1} \left[\frac{\delta - \frac{w}{k}}{e} (a)(1+t) \right]^{1-\sigma} \frac{Y}{P} - F \qquad (6.7)$$

将式（6.7）进行调整，可以得到式（6.8）：

$$(\pi + F) \frac{P}{Y} \left[\frac{\delta - \frac{w}{k}}{e} (a)(1+t) \right]^{\sigma-1} = [\lambda (\omega)]^{\sigma-1} \qquad (6.8)$$

从式（6.8）可知，$\frac{\partial \lambda}{\partial k} > 0$，产品质量和企业竞争力呈正相关，即质量高的产品来自市场竞争力强（生产效率高）的企业。由上可知，机理分析的前提条件为高质量产品的生产企业生产低替代弹性产品，低质量产品的生产企业生产高替代弹性产品，和现有文献的结论类似（施炳展和邵文波，2014）。

最后，从企业异质性角度和产品异质性[①]角度来分析 TPU 的作用机理。

1. 企业异质性[②]

TPU 的冲击致使企业成本（p）上升，市场供给量（q）下降。其中，收益为正的企业，留在市场；收益为负的企业，减少投入或退出市场。Q_d 表示市场总需求，Q_s 表示市场总供给，q_{s1} 表示正收益企业的供给量，q_{s2} 表示负收益企业的供给量。高质量产品生产企业的产品抗风险能力更强，因而市场的供给减少主要来自 q_{s2}。根据贸易理论可知，$Q_d > Q_s = q_{s1} + q_{s2}$。此时，市场出清 $Q_d = Q_s$ 有两种方法：一是提高市场价格抑制需求；二是正收益的企业扩大生产。因而高质量产品的占比将上升，符合 TPU 对产品质量影响的推导结果。

当所有企业都无利可图时，企业将减产甚至退出市场从而减少维

---

① 同一产品市场存在多个不同产品质量的生产企业，且同一企业产品的质量也存在差异。
② 借鉴凯尔·汉德利（Kyle Handley）的理论，TPU 的影响存在两种效应：一是产品成本上升；二是企业延期投入或退出市场。

持产品质量所需的投入，而消费者将寻求其他国家的替代品，最终导致产品质量下降。以上结论得出假设 6-1：

假设 6-1：当整体企业收益为正时，产品质量与 TPU 正相关；当整体企业收益为负时，产品质量与 TPU 负相关。

2. 产品异质性

由式（6.6）可知，产品质量和替代弹性负相关。因而在 TPU 下，考虑企业对不同质量（σ）产品的选择。在式（6.9）中，S（ω）为企业的收入函数。企业拥有 λ_1 和 λ_2 两种质量的产品（$\lambda_1 < \lambda_2$，$\sigma_1 > \sigma_2$）。

$$S(\omega) = p_{ij}(\omega)\left[\lambda_{ij}(\omega)\right]^{\sigma-1}\frac{\left[p_{ij}(\omega)\right]^{-\sigma}}{P^{1-\sigma}}Y \qquad (6.9)$$

企业的市场选择为：$C = S_1(\omega)/S_2(\omega)$，表示随着 TPU 增大，企业将在 λ_1 和 λ_2 两种产品中选择更优质的产品进行生产和销售：

$$S_1(\omega)/S_2(\omega) = \left[p_{ij}(\omega)\left[\lambda_{ij}(\omega)\right]^{\sigma_1-1}\frac{\left[p_{ij}(\omega)\right]^{-\sigma_1}}{P^{1-\sigma_1}}Y\right]/$$

$$\left[p_{ij}(\omega)\left[\lambda_{ij}(\omega)\right]^{\sigma_2-1}\frac{\left[p_{ij}(\omega)\right]^{-\sigma_2}}{P^{1-\sigma_2}}Y\right]$$

$$(6.10)$$

$$S_1(\omega)/S_2(\omega) = (\lambda_1^{\sigma_1-1}/\lambda_2^{\sigma_2-1})\ P^{\sigma_1-\sigma_2}$$

$$\left[\frac{\delta}{e}(a)(1+t)+F\right]^{\sigma_2-\sigma_1} \qquad (6.11)$$

对 t 求导并整理可得：

$$\frac{\partial C}{\partial t} = (\sigma_2-\sigma_1)\left[\frac{\delta}{e}(a)(1+t)+F\right]^{\sigma_2-\sigma_1-1}\left(\frac{\delta}{e}(a)\right)<0$$

$$(6.12)$$

从以上推导可得，在同一企业内，随着产品替代弹性增加，企业将更多地生产和销售低替代弹性（高质量）的产品 λ_2，从而产品质量加速上升。以上考虑了整体企业收益为正的情况，当整体企业收益为负时，高替代弹性（低质量）产品生产企业会加速退出市场，因而低替代弹性（高质量）产品生产企业的抗风险能力更强。

假设 6 - 2：随着 σ 的增加，在整体企业收益为正时，TPU 的冲击会加速产品质量上升；在整体企业收益为负时，TPU 的冲击会加速产品质量下降。

6.2.2 汇率的短期冲击效应

由式（6.6）可知，$\dfrac{\partial \lambda}{\partial e} = \dfrac{\sigma}{\sigma - 1} \left(\dfrac{qpP}{Y} \right)^{\frac{1}{\sigma - 1}} (-1 - t) \dfrac{a\delta}{(e)^2} < 0$，即中国出口产品质量与汇率呈负相关，根据标价法原理，美国出口产品质量则相反。

由式（6.2）可得：

$$Q_d = [\lambda]^{\sigma - 1} \left[\dfrac{p}{e} \right]^{-\sigma} \dfrac{Y}{P} \qquad (6.13)$$

由式（6.13）可知，Q_d 与 Y 成正比，即消费者收入水平越高，对同质产品需求越多。同时，Q_d 与 λ 成正比，即消费者偏爱高质量产品。以上结论和已有文献研究的结论一致（孙林和胡菡月，2018）。在市场出清条件下，$Q_d = Q_s$，即需求量 Q_d 和供给量 Q_s 与 e 呈正相关。假设存在低收入水平 Y_1 和高收入水平 Y_2 两种消费者（$Y_1 < Y_2$），分别消费 λ_1 和 λ_2 两种质量的产品。在汇率冲击下，收入水平提高且出口成本降低，市场需求和市场供给都增加：

$$Q_d = Q_s \rightarrow p \left([\lambda_1]^{\sigma - 1} \left[\dfrac{p}{e} \right]^{-\sigma} \dfrac{Y_1}{P} + [\lambda_2]^{\sigma - 1} \left[\dfrac{p}{e} \right]^{-\sigma} \dfrac{Y_2}{P} \right) = Y \, (6.14)$$

对式（6.14）进行调整，可得式（6.15），其中，$Y = Y_1 + Y_2$：

$$\left\{ [\lambda_1]^{\sigma - 1} + [\lambda_2]^{\sigma - 1} \dfrac{Y_2}{Y_1} \right\} = \left\{ \left[\dfrac{p}{e} \right]^{\sigma - 1} P \left(1 + \dfrac{Y_2}{Y_1} \right) \right\} \qquad (6.15)$$

由式（6.14）和式（6.15）可知，在汇率冲击下，市场上产品的交易量上升而整体质量下降。原因为，汇率冲击引致出口成本下降，低质量产品生产企业的供给增加更为显著，高质量产品生产企业的供给变化不明显，因而整体市场产品质量下降。符合汇率对产品质量影响的推导结果。

另外，根据式（6.13）可知，消费者在收入一定的情况下，偏爱高质量产品。因而，在汇率冲击下，消费者的相对收入水平提升，导致其增加对高质量产品的需求而不是增加对同质产品的需求，从而促进产品质量提升。汇率的短期冲击可能出现的悖论效应，和既有文献的研究结论类似（谷宇和高铁梅，2007；季莹和王怡，2010）。本章研究显示，汇率作用的具体结果根据两种效应的大小来判断，在消费者主导市场下，需求影响更为强烈；在企业主导市场下，则供给影响更为强烈。

假设 6－3：汇率冲击存在两种效应：一是促使市场上低质量产品的供给增加；二是提高消费者对高质量产品的需求。且具体作用看消费者和企业在市场中的从属关系。

6.3　贸易政策不确定性和产品质量的测度分析

6.3.1　数据来源和数据处理

为研究 TPU 和汇率对中美进出口产品质量的短期冲击效应，本节选取了 2012 年 1 月至 2019 年 12 月中美双方商品贸易清单上的代表性产品，其中，HS8 位码下的共有 550 种，并将原始数据按照编码、进出口价值进行排序，得到 158400 条数据。[①] 针对中国从美国进口的产品，选取了大豆、汽车和飞机三类；针对美国从中国进口的产品，选取了 HS84 光学医疗等精密仪器类、HS85 机械器具类和 HS90 电机电器类[②]。大豆、汽车和飞机是中国对美国商品贸易清单上金额占比前

---

① 此处主要变量序列涉及产品的价值量、单价和第一计量单位，为节约篇幅不再列表。
② 为方便标记，HS84、HS85 和 HS90 后续就用 HS2 位码编号来替代。

三位的产品，而 HS84、HS85 和 HS90 则是美国对中国的商品贸易清单上金额占比前三位的制造业产品。此外，本章测度了相应于每一进出口产品的 TPU 指数。

本章数据整理为五类：①针对 HS8 位码下，将缺失数据较多的序列删除；②针对存在个别遗漏的序列，使用对数插值法补齐；③针对存在个别离群值的序列，使用序列均值来修正；④剔除计量单位不一致的产品序列；⑤对月度序列进行季节性调整。此外，除了产品数据，还有汇率（月平均值）、关税数据、中美新闻不确定性指数①以及测度质量过程中使用的人均 GDP、中美人口数及中美 CPI 指数。②

6.3.2 贸易政策不确定性（TPU）的测度

1. TPU 的测度公式

借鉴坎德维尔等（2013）和贝克等（2016）的研究，本章测度 TPU 的方式为，以最高关税与现行关税的差值作为基准，并将贝克（Baker）网站上的新闻不确定性指数③作为加权概率，最终得到 TPU 的测度值。以此测度了 2012～2019 年中美进出口产品的月度 TPU，公式如下④：

$$\text{TPU} = \left((l_{BT} - l_{MFN}) \ \ln\left(Z_t \frac{100}{M}\right) \right) \tag{6.16}$$

---

① 中美进出口月度产品数据来自 EPS 数据平台、中国海关总署网站、数据查询平台；汇率来自中国人民银行；关税来自 WTO 的关税下载端（tariff download facility）数据库，最惠国待遇（most-favored-nation treatment，MFN）最高税率来自世界综合贸易解决方案（World Integrated Trade Solutons，WITS）数据库；TPU 新闻不确定性指数，来自经济不确定性网站，http：//www. policyuncertainty. com/；人均 GDP 分别来自国家统计局和国际货币基金组织；人口数据来自国家统计局和国研网；美国 CPI 指数来自 https：//cn. investing. com/economic-calendar/cpi-69/，中国 CPI 指数来自国家统计局。
② 在测度质量过程中，预先将序列消去物价影响，且 CPI 指数以 2012 年为基值 100，笔者计算而得。
③ 本节对不确定性指数进行对数处理，减弱其可能存在重复计算的影响。
④ 在式（6.16）中，BT 表示约束关税税率，MFN 表示最惠国关税税率。

2. TPU 的测度结果

使用式（6.16）对 TPU 进行测度，并将月度 TPU 整合为年度值 TPU，2012～2019 年中美进出口六大类产品 TPU 的年度值，见表6.1。

表 6.1   2012～2019 年中美进出口六大类产品 TPU 的年度值

年份	大豆	汽车	飞机	HS84	HS85	HS90
2012	2.8204	1.3647	1.8783	0.5240	0.5031	0.4715
2013	2.4596	1.1901	1.6490	0.4926	0.4789	0.4551
2014	2.2911	1.1086	1.5335	0.4864	0.4721	0.4530
2015	2.1322	1.0317	1.4345	0.5064	0.4901	0.4703
2016	2.7716	1.3411	1.8641	0.6578	0.6341	0.6150
2017	3.4507	1.6697	2.3276	0.6953	0.6619	0.6633
2018	3.7743	1.8263	2.5228	0.8602	0.8147	0.8299
2019	4.0064	1.9386	2.6261	0.9318	0.8909	0.9093

资料来源：笔者根据 TPU 数据库的部分数据利用式（6.16）对贸易政策不确定性（TPU）测度计算整理而得。

6.3.3　产品质量测度

1. 产品质量测度公式

质量测度沿用坎德维尔等（2013）的模型，假设消费者的效用函数为常数替代弹性 CES 函数：

$$U = \left\{ \int_{\omega \in \Omega} \left[\lambda_{ij}(\omega) \, q_{ij}(\omega) \right]^{\frac{\sigma-1}{\sigma}} d\omega \right\}^{\frac{\sigma}{\sigma-1}} \qquad (6.17)$$

在式（6.16）中，i 表示进口来源国，j 表示出口目的国；Ω 表示消费者购买的产品集；$\lambda_{ij}(\omega)$ 表示来自 j 国产品 ω 的质量，$q_{ij}(\omega)$ 是指，i 国对来自 j 国产品 ω 的需求量，$\sigma > 1$ 表示产品种类间的替代弹性。通过求解得到产品质量[①]：

———————

[①]　在式（6.18）中，$\hat{\varepsilon}_{hct}$ 表示回归残差，λ_{hct} 表示质量。

$$\text{qualit } y_{hct} = \ln\hat{\lambda}_{hct} = \frac{\hat{\varepsilon}_{hct}}{\sigma - 1} \qquad (6.18)$$

2. 产品质量测度结果

首先，使用式（6.18）测度产品质量；其次，在式（6.18）中，加入人均 GDP、中美人口数和消费者信心指数等控制变量后，对比发现质量的测度结果并无明显变化。此外，在产品质量测度上，通过改变 σ 值分别进行测度。根据既有文献的研究，σ 取值在 5～10 区间（陈容和许和连，2017）。在选取大豆并分别就 σ 取值为 5、8 和 10 的情况下，2012～2020 年大豆质量测度结果，见图 6.1。[①]

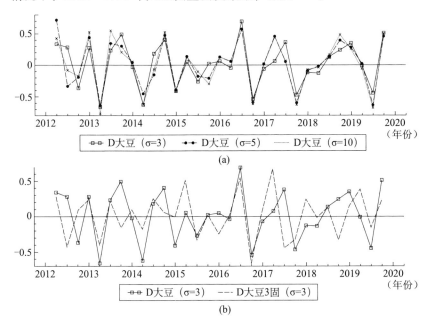

图 6.1   2012～2020 年大豆质量测度结果

资料来源：笔者根据 TPU 数据库的部分数据利用式（6.18）计算整理而得。

从图 6.1 可知，加入控制变量和将 σ 取不同值下，所测得的质量

---

① 图 6.1 为不同 σ 下，大豆质量的对比及是否含控制变量大豆质量的对比。

并无明显差异。因而,仍使用式(6.18)所得结果进行分析。将所得月度产品质量的数据整合为年度值,将 σ 值定为 5,2012～2019 年中美进出口六大类产品质量年度值测度结果,见表 6.2。

表 6.2   2012～2019 年中美进出口六大类产品质量年度值测度结果

年度	大豆	汽车	飞机	HS84	HS85	HS90
2012	1.2703	0.6632	1.6689	0.9860	1.1285	1.0345
2013	1.2353	1.1547	1.4313	1.0655	0.9215	1.1221
2014	1.2431	0.9877	1.2593	0.9215	1.1290	1.0252
2015	0.9841	1.3237	1.9114	0.8125	1.0741	1.3047
2016	1.1015	1.3140	1.0418	0.7056	1.1710	1.3104
2017	1.0855	1.1166	1.3093	1.1307	1.0809	0.9216
2018	0.8383	1.2076	1.5208	1.2786	1.0723	0.8169
2019	1.2914	1.3676	1.1408	1.5824	0.7869	0.8742

资料来源:笔者根据 TPU 数据库的部分数据利用式(6.18)计算整理而得。

6.4   贸易政策不确定性、汇率对中美产品质量的短期冲击检验

6.4.1   冲击检验模型

1. 序列系统检验

为确保序列平稳性,对 TPU、汇率和质量的序列进行处理,处理方式为:$R_t = Ln(Y_t/Y_{t-1})$,R_t 为第 t 期的序列波动率,Y_t 为第 t 期的序列值。将所选的序列整合为面板数据,进行面板单位根检验和面板协整检验。面板单位根检验和面板协整检验比时间序列的单位根检验和协整检验更为严格、有效。面板单位根检验可以防止出现伪回归;面板协整检验,可以从计量上判定变量间是否存在长期均衡关系。表6.3 为面板单位根检验和面板协整检验的结果。

表 6.3　　　　　　　面板单位根检验和面板协整检验的结果

面板单位根检验	质量	TPU	汇率
LLC	− 14. 3923 ***	− 21. 6774 ***	− 14. 6678 ***
IPS	− 19. 5275 ***	− 20. 2617 ***	− 12. 8284 ***
Fisher	− 12. 0174 ***	− 16. 7715 ***	− 13. 5063 **
面板协整检验	统计量 1	统计量 2	统计量 3
Kao	− 12. 8925 ***	− 18. 1636 ***	− 10. 6543 ***
Pedroni	− 34. 3868 ***	− 59. 1976 ***	− 39. 6834 ***
Westerlund	− 2. 8370 ***		

注：本章选取以上三种检验，且变量都通过检验，此处，质量、TPU 和汇率都没有常数
项，fisher 方法本章选用了逆正态分布所提供的值，另外，选取了面板协整检验结果最有效
的统计量；***、** 和 * 分别表示在 1%、5% 和 10% 的水平上显著。

资料来源：笔者根据 TPU 数据库的部分数据利用 Stata17.0 软件整理计算而得。

2. SV-TVP-VAR 系统检验

由月度数据的波动性可知，TPU 和汇率对产品质量的影响具有非
线性特征，且一般的面板回归难以发现月度数据变化可能存在的时变
特点，因而，本章选用 SV-TVP-VAR 模型。SV-TVP-VAR 模型是在
VAR 模型基础上加上系数时变性及随机波动性而来的。

为确保变量间存在长期关系，且不存在伪回归，再将变量组构成
SVAR 模型，进行系统稳定性检验。检验表明，可构建有效的 SV-TVP-
VAR 模型。此外，根据 AIC 准则和 BIC 准则，共同确定变量的序列滞
后期均为 1 阶。

3. SV-TVP-VAR 模型设定

参考中岛等（2011）的模型设定，有效解决关系不稳定和存在异
方差的问题。SV-TVP-VAR 的基本形式可以表示为：$y_t = X_t \beta_t + A_t^{-1} \sum_t \varepsilon_t$。相应的协方差矩阵，均设定服从 IG 分布。另外，本章选
用先验：$(Q)_i^{-2} \sim G(40, 0.02)$，$(S)_i^{-2} \sim G(4, 0.02)$，$(W)_i^{-2} \sim G(4, 0.02)$。根据 MCMC 方法的后验推断，每组序列模拟抽样
30000 次。Geweke. CD 诊断值均在 5% 的水平上显著。参数无效因子极

低，SV-TVP-VAR 模型估计所得的样本自相关系数、样本路径及后验分布图表现极佳。[①] 因此，SV-TVP-VAR 模型有效地检验了 TPU 和汇率对产品质量的短期冲击。

6.4.2　TPU 对进出口质量的短期冲击

本章重点考察近年来中美贸易摩擦背景下，TPU 和汇率对中美进出口产品质量的短期动态冲击。因而，本章选取 2012 年 3 月、2017 年 3 月和 2018 年 5 月三个时点作为考察对象。[②] 2012 年 3 月，作为对照组；2017 年 3 月，为特朗普就职后的两个月；2018 年 5 月，为美国对中国设立征税清单后的两个月。选取的理由为：（1）TPU 和汇率对进出口产品质量冲击存在滞后性；（2）第一个时点的 TPU 指数值低于后两个时点，且后两个时点具有良好的代表性。

1. 中国进口美国的产品

图 6.2 为 TPU 对大豆产品质量、汽车产品质量和飞机产品质量的时点脉冲图[③]，三者依次排序。其中，后两个时点的路径图近乎重合。总体来看，TPU 对质量的短期冲击效应在 1 期滞后达到最大值，冲击在 8 期附近趋向 0，表明脉冲结果平稳有效。

纵轴图形是 TPU 对同种产品不同替代弹性下产品质量的脉冲图，依次为 σ 取 5、8 和 10 的情况。对比可知，大豆质量在 σ 取 5 时，TPU 对其短期冲击趋于正向，而在 σ 取 8 或 10 时，TPU 的短期冲击显著趋于负向。还有，TPU 对汽车的短期冲击趋于正向，随着 σ 的增大，正向冲击有所增强；TPU 对飞机的短期冲击效应趋于负向，随着 σ 的增大，负向冲击有所提高。

---

① SV-TVP-VAR 模拟结果图及模型的推导，为节约篇幅而省略。
② 在本章的研究背景下，时点脉冲响应图进行比较更为方便。
③ 此处序列使用变量的波动率，从脉冲响应的第 1 期，即可判断冲击的整体效应。即脉冲响应第 1 期大于 0，则冲击效应为正；反之，亦反是。

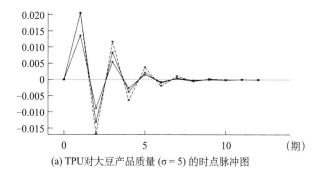

(a) TPU对大豆产品质量 (σ = 5) 的时点脉冲图

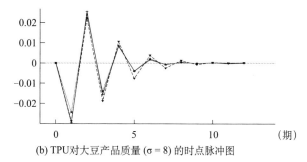

(b) TPU对大豆产品质量 (σ = 8) 的时点脉冲图

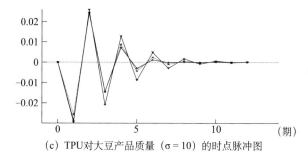

(c) TPU对大豆产品质量 (σ = 10) 的时点脉冲图

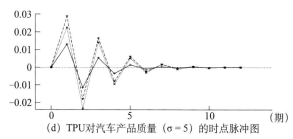

(d) TPU对汽车产品质量 (σ = 5) 的时点脉冲图

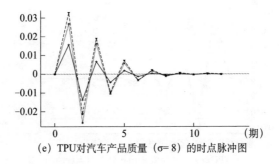

（e）TPU对汽车产品质量（σ= 8）的时点脉冲图

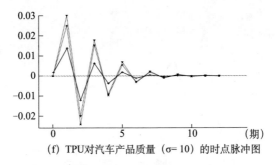

（f）TPU对汽车产品质量（σ= 10）的时点脉冲图

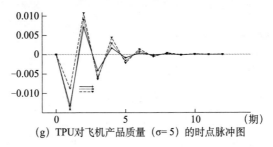

（g）TPU对飞机产品质量（σ= 5）的时点脉冲图

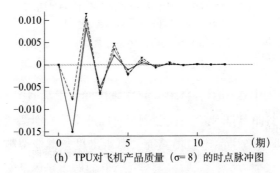

（h）TPU对飞机产品质量（σ= 8）的时点脉冲图

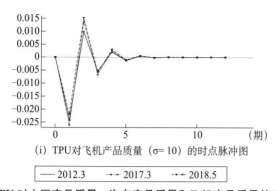

(i) TPU对飞机产品质量（σ= 10）的时点脉冲图

—— 2012.3　　…… 2017.3　　-·- 2018.5

图 6.2　TPU 对大豆产品质量、汽车产品质量和飞机产品质量的时点脉冲图

资料来源：笔者根据 TPU 数据库的部分数据利用式（6.18）和 SV-TVP-SVAR 模型整理计算绘制而得。

对大豆产品质量的表现有两点解释：①一定 TPU 的影响，将导致大豆供应商的成本增加。生产低质量大豆的企业将退出市场，生产高质量大豆的企业占比将上升，从而整体产品质量提升。②随着大豆 σ 的提升，大豆质量受到 TPU 的冲击由正转负有两个原因：一是整体企业面临的风险成本超过预期收益，因而减少维持大豆质量所需的投入甚至退出市场；二是消费者寻求替代品，而替代品的产品质量难以保证（如果替代品质量优于原有产品，则会相应地从更优质的国家进口）。

对汽车产品质量表现的解释为：①汽车市场存在准入门槛，因而汽车产品整体质量较高。②从消费者角度来看，汽车市场存在销售分层（从一般车型到豪华车型），因而高水平消费者更青睐高质量车型。且生产低质量车型的企业抗风险能力也会弱于生产高质量车型的企业。因此，高质量的车型占比将上升，TPU 对汽车产品质量的冲击基本上呈正向效应。另外，在 TPU 冲击下，企业会将生产和投入转向旗下抗风险能力更强（质量更高）的车型，因而随着 σ 的增大，TPU 对汽车产品质量的正向作用更显著。

对飞机产品质量的表现有两个解释：①中国飞机进口主要来自美国、法国和德国。其中，法航的空中客车与美航的波音系列竞争最为激烈。②受 TPU 的影响，美国飞机成本上升，国内增加了对法国飞机或德国飞机的需求①。美航在中国市场贸易损失较大，整体企业收入降低并削减了产品投入和产品供给。因此，美国飞机整体质量下降。且随着 σ 的增大，TPU 对飞机产品质量的负向效应更显著。

2. 美国进口中国的产品

TPU 对 HS84 类产品质量、HS85 类产品质量和 HS90 类产品质量的时点脉冲图，见图 6.3。三者依次排序，图标和图 6.2 一致。TPU 对产品质量的短期冲击效应也在滞后 1 期达到最大值，并在 8 期附近趋向 0。从整体上来看，HS84 类产品质量受到 TPU 的短期冲击效应为正。与 HS84 类产品质量不同的是，HS85 类产品质量在三个时点上 TPU 的效应为负，但随时间增长负向效应减弱。相比之下，HS90 类产品质量在 2012 年 3 月的时点上受到 TPU 的正向冲击，而在 2017 年 3 月和 2018 年 5 月受到 TPU 的负向冲击，且在第一个时点上，TPU 的正向效应随 σ 的增大而减弱。HS84 类产品质量和 HS85 类产品质量受到 TPU 的影响，随 σ 的增大没有明显变化。

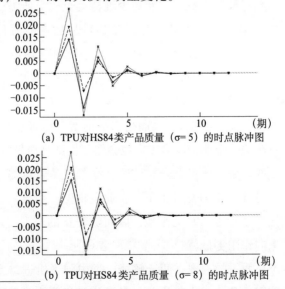

(a) TPU对HS84类产品质量（σ=5）的时点脉冲图

(b) TPU对HS84类产品质量（σ=8）的时点脉冲图

① 本章还将中国从美国进口产品的月度金额与中国从全球进口同类产品的月度金额做了比较。

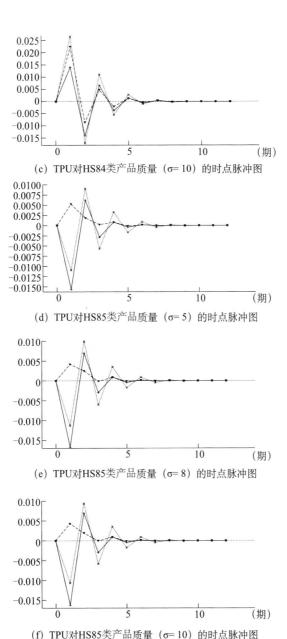

（c）TPU对HS84类产品质量（σ= 10）的时点脉冲图

（d）TPU对HS85类产品质量（σ= 5）的时点脉冲图

（e）TPU对HS85类产品质量（σ= 8）的时点脉冲图

（f）TPU对HS85类产品质量（σ= 10）的时点脉冲图

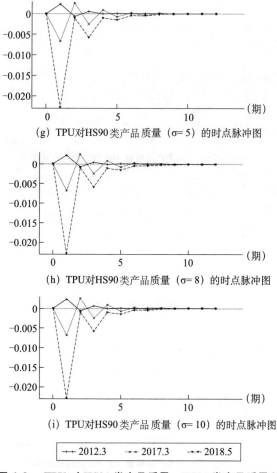

（g）TPU对HS90类产品质量（σ= 5）的时点脉冲图

（h）TPU对HS90类产品质量（σ= 8）的时点脉冲图

（i）TPU对HS90类产品质量（σ= 10）的时点脉冲图

图 6.3　TPU 对 HS84 类产品质量、HS85 类产品质量和
HS90 类产品质量的时点脉冲图

资料来源：笔者根据 TPU 数据库的部分数据利用式（6.18）和 SV-TVP-SVAR 模型
整理计算绘制而得。

对 HS84 类产品质量的表现有两点解释：①随着中国经济的快速
发展，政府资助增强了企业的抗风险能力；②受 TPU 的冲击，部分低
质量产品生产企业将被挤出市场，而高质量产品生产企业占比上升，
最终使整体产品质量得到提升。

对 HS85 类产品质量的表现有两点解释：①早期在 TPU 的冲击下，整体企业减少了在产品市场上的投入，引致产品质量下降；②随着中国制造业改革（时间变化），低质量产品退出市场，高质量产品占比增加，TPU 的负向效应减弱，即表明 HS85 类的产品生产企业出口信心回升。

对 HS90 类产品质量的表现有三点解释：①早期低质量产品生产企业退出市场，因而产品质量受到 TPU 的正向效应；②在近几年，TPU 的增强给企业带来巨大的成本压力，因而企业开始寻求海外市场，减少对美国市场的投入；③美国消费者也将寻求替代品。

总结以上 TPU 对产品质量的短期冲击效应可知：（1）当整体企业存在正收益时，TPU 对产品质量的效应为正；当整体企业收益为负时，TPU 对产品质量的效应为负。其原因为：①低质量产品生产企业受影响较大，减少产出甚至退出市场。高质量产品生产企业的占比上升，产品质量提升。②大部分企业退出市场并减少对产品的投入。另外，消费者寻求替代品，而替代品的质量难以保证，从而产品质量下降。（2）随着 σ 增大，TPU 的冲击效应有所增强。例如，在图 6.2 中，对比汽车 σ=5 和汽车 σ=10 的脉冲图及飞机 σ=5 和飞机 σ=10 的脉冲图可知：①当整体企业收益为正时，在 TPU 的冲击下，企业加快对低替代弹性（高质量）产品市场的投入，加快高替代弹性（低质量）产品退出市场。高替代弹性产品受到的正向冲击更强烈。②当整体企业收益为负时，企业将加快退出市场。产品质量下降更快，即高替代弹性产品受到的负向冲击更剧烈。也就是说，随着 σ 增大，产品质量对 TPU 的冲击更为敏感。（3）随着 σ 的增大，相比美国产品质量受 TPU 影响，中国产品质量更加稳定。（4）TPU 对产品质量的短期冲击在滞后 1 期达到最大，且在滞后 8 期趋于 0，表明 TPU 对质量的影响存在滞后性。同时，以上实证部分验证了假设 6-1 和假设 6-2。

6.4.3　汇率对进出口产品质量的短期冲击

汇率对六大类进出口产品质量的时点脉冲图，见图 6.4。在 2012

年3月、2017年3月和2018年5月，汇率对六类进出口产品质量的脉冲响应图，三者依次排序。总体来看，汇率对质量的短期冲击①的当期值都为0，并在滞后1期达到最大值，且在滞后8期附近趋向0。从图6.4可知，各个时点汇率的短期冲击几乎重合，表明汇率的短期冲击较为稳定。

1. 中国出口美国的产品

由前文推导可知，汇率冲击存在两种效应。（1）汇率冲击对于中国出口美国的产品质量起到负向效应。根据贸易理论，直接标价法下汇率上升，即本币贬值。国内出口货物相对价格下降，有利于扩大对外贸易，促使部分低质量产品生产企业进入市场并增加供给，而高质量产品生产企业受到汇率的影响较小。因此，汇率冲击对中国出口产品质量具有负向效应。（2）汇率冲击对于中国出口美国的农产品质量起到正向效应。从美国消费者角度来看，由式（6.13）可知，消费者偏好于高质量产品。在汇率冲击下，消费者的相对收入上升，从而更有能力购买高质量的产品。因此，市场上高质量产品的交易量也会上升。

从图6.4来看，在整体影响上，HS90类的产品质量受到汇率的负向作用强于正向作用，而HS84类的产品质量和HS85类的产品质量受到汇率的作用则相反。可以解释为，消费者对HS84类、HS85类高质量产品的需求影响更为强烈，推动了HS84类、HS85类产品质量的升级。而对企业低质量HS90类产品的供给影响更有效，降低了HS90类产品的质量。从另一个角度来看，HS84类、HS85类的产品市场为消费者主导的市场，HS90类的产品市场则为企业主导的市场。

---

① 汇率对产品质量的短期冲击，此处以 $\sigma = 5$ 为例，随着 σ 的变化，汇率的短期冲击没有显著改变。

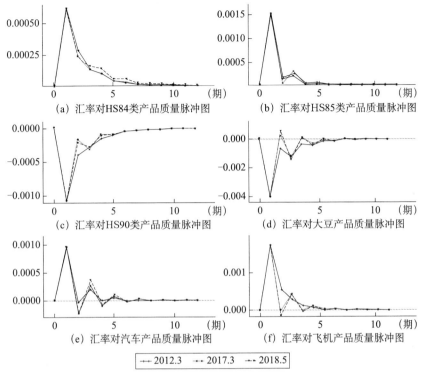

图6.4 汇率对六大类进出口产品质量的时点脉冲图

资料来源：笔者根据 TPU 数据库的部分数据利用式（6.18）和 SV-TVP-SVAR 模型整理估测绘制而得。

2. 美国出口中国的产品

汇率冲击存在两种效应。（1）汇率冲击对于美国出口中国的产品质量，起到正向效应。根据贸易理论，美国出口货物相对价格的上升不利于其对中国的出口贸易，促使部分低质量产品生产企业受影响较大并减少投入，同时，高质量产品生产企业的抗风险能力更强，从而整体产品质量上升。因此，汇率冲击对美国出口中国的产品质量具有正向效应。（2）从中国消费者角度来看，汇率冲击致使外币升值。中国消费者的相对收入水平降低，整体消费需求将被抑制。增加部分低质产品的需求，替代高质量产品。从而促使市场上高质量产品的需求下降，即汇率对产品质量起到负向作用。

从整体影响上，汽车和飞机的产品质量受到汇率的正向效应比负向效应更为强烈，而大豆产品质量受到汇率的负向效应比正向效应更为强烈。即企业对汽车和飞机的供给影响更强烈，低质企业退出市场并推动了整体产品质量上升。而消费者对大豆的需求影响更为强烈，以低质量产品替代高质量产品，推动产品质量下降。这也表明，汽车市场和飞机市场为企业主导的市场，大豆市场为消费者主导的市场，符合实际情况。

综上所述，汇率对产品质量起到两种效应（以中国出口美国产品为例）：（1）成本效应，汇率冲击导致出口成本下降，低质量生产企业生产扩张，同时，高质量生产企业受影响不大，促使产品质量下降；（2）收入效应，汇率冲击致使消费者的相对收入水平上升，消费者更偏好于高质量产品，促使产品质量提升。美国出口中国产品质量，受到汇率的作用则相反。以上解释了汇率短期冲击效应出现的悖论，且具体冲击结果可以根据消费者和企业在市场上的主导地位来判断。当市场为消费者主导时，汇率冲击促进质量上升；当市场为企业主导时，汇率冲击促使质量下降。同时，以上实证部分验证了假设 6 - 3。

6.5 研究结论与政策建议

本章以中美贸易摩擦为背景，围绕 TPU 和汇率对中美进出口产品质量的短期冲击效应进行理论分析和实证分析。对 550 种 HS8 位码下的产品进行整合，测度并汇总了 HS2 位码下的质量及各产品层面的 TPU 指数。基于企业、产品和消费者的异质性，推导了 TPU、汇率和产品质量的内在联系。

6.5.1 TPU 的短期冲击效应

（1）当整体企业的收益为正时，低质量产品生产企业会延迟投资或退出市场。一定的 TPU 冲击，促进了产品整体质量提升。

（2）当整体企业的收益为负时，企业将退出市场并降低对产品的研发投入，同时，消费者会寻求替代产品（而替代产品的质量难以保证），最终导致产品质量下降。

（3）随着产品替代弹性的增强，TPU 的冲击效应也会增强，推动产品质量上升或下降。推动产品质量上升的原因是，企业加快了在高质量产品市场上的投入，致使市场上高质量（低替代弹性）产品的占比快速上升；推动产品质量下降的原因是，企业在当前市场上无利可图，减少对所有产品市场的投入，从而推动产品质量下降。

（4）随着 σ 的增大，相对于美国，中国产品质量更为稳定。

6.5.2 汇率的短期冲击效应

（1）汇率冲击将导致出口产品成本下降，国内低质量生产企业扩张，降低了产品质量。

（2）汇率冲击致使消费者的收入水平上升，消费者更偏好于高质量产品，因而促使整体产品质量得到提升，且具体冲击结果可以根据消费者和企业在市场上的主导地位来判断。

针对以上结论，本章提出如下四点政策建议。

（1）完善国内外风险预警制度和信息发布制度，推动产品市场信息更加公开透明。企业在更多信息下，能更合理地对产品市场做出判断，即减弱 TPU、汇率对产品质量的不利影响。

（2）推动中国国内制造业的发展，需要国家相应的政策扶持，给予企业更好的营商环境。同时，提高本国产品质量，提升产品的不可替代性，并降低对于国外产品市场的依赖度。

（3）当 TPU 造成的影响较为强烈时，国家可以通过积极的贸易谈判，减弱中美两国间的 TPU，从而使产品市场回笼，唤醒企业生产活力，促进产品质量提升。

（4）开发新的产品市场，强化中国和其他国家间的贸易合作力度，并寻求替代产品市场，防范市场过度集中存在的 TPU、汇率波动风险。

7 贸易政策冲击下中国主要农产品进口国（地区）福利变化及中国农产品市场调整转向

7.1 引言

自加入 WTO 以来，中国一直奉行积极的对外贸易政策，坚持积极参与全球双边贸易谈判或多边贸易谈判，先后与东盟、巴基斯坦等 10 多个国家和地区签订自由贸易协定，对双边贸易中的部分商品实施关税优惠政策或零关税政策。但自 2017 年特朗普执政之后，美国贸易保护主义及"逆全球化"思维活跃。2018 年 4 月，特朗普政府对中国出口至美国总计 500 亿美元的商品加征 25% 的关税，9 月 24 日起对约 2000 亿美元的中国产品加征关税。其中，包括食品、肉类、粮食等，新一轮贸易摩擦开始。中美贸易摩擦，必定会对两国贸易造成影响，会损害双方的福利。

传统国际贸易理论指出，增加关税会降低一国整体的福利水平。而贸易福利可以归结为价格变化，布罗达、克里斯蒂亚和温斯坦·D. E.（Broda, Christia and Weinstein D. E., 2006）指出，价格变化形成的价差，部分可以通过局部均衡方法、一般均衡方法对生产者、消费者、政府三者的剩余进行计算而得出。新新贸易理论则指出，贸易福利的增加主要由产品差异、企业异质性、企业规模扩大及成本下降导致的企业效率增加而形成的（迪克西特和斯蒂格利茨，1977；克鲁格曼，1979）。罗默（Romer, 1994）指出，规模经济、消费者偏好、产品差异（同一产品不同种类）共同形成贸易动因，推进国际贸易发展，且自由贸易有助于产品品种的增加，贸易品种的增加进一步提升生产效率并促进经济增长。梅里兹（Melitz，2003）从企业异质性、生产效率视角，思考产品品种变化对福利的影响。该文献指出，贸易福利提高主要取决于是否有较多的产品种类，是否有较低的价格加成（make-up），是否有较高的平均生产率等。芬斯特拉（Feenstra，2010）指出，产品种类增多，会直接影响贸易福利水平。

通过考察关税、补贴等贸易措施对一国福利产生的影响，安德森和尼瑞（Anderson and Neary，1994）指出，关税造成的扭曲效应以及对贸易的影响是可以量化的。伯纳德和詹森（Bernard and Jensen，2003）注重的是，关税税率（含补贴等）究竟应该是多少，才使贸易双方比较容易接受且对贸易双方都有利。提夫勒（Trefler，2001，2004）利用1989～1996年加拿大—美国自由贸易协定（The Canada-U. S. Free Trade Agreement，FTA）的样本数据分析发现，关税大幅削减，短期内会降低制造业成本约10%，长期内，可促使企业劳动生产率增长17%。并采用美国1989～1999年和1996～2006年的双边贸易数据和关税样本数据分析了关税变化与世界输入美国商品品种变化之间的关系，研究发现关税降低导致新贸易品种增幅达到12%。此后，有更多学者研究发现，关税变化对贸易增长及一国福利均有不同程度的影响。

迪亚多夫和斯特恩（Deardorff and Stern，1997）等对贸易限制（关税壁垒和非关税壁垒）措施对于产品品种的影响及最终引致福利水平的变化进行了研究，其方法是将SPS措施、TBT措施等非关税措施转化为关税当量，通过对关税措施和非关税措施的双重作用叠加所带来的贸易福利变化进行分析，是对关税措施和贸易品种与贸易福利关系等方面研究的一种拓展。

根据新新贸易理论有关贸易方式的概念可表述为：一国的贸易增长可以沿着集约边际（intensive margin）来实现，也可以沿着扩展边际

（extensive margin）来实现。集约边际是指，单一产品量的增长，产品种类并无变化；而扩展边际是指，产品种类的增加或拓展新的市场。两种不同的边际增长对贸易的贡献是不同的，对贸易福利的影响也不同。通过测算集约边际和扩展边际，便可推算出贸易福利的变化，在此启发之下，我们根据关税变化与贸易增长的相关性，估算出贸易福利水平。

7.2　中国主要农产品进口国（地区）出口贸易、关税、出口品种变化状况

7.2.1　中国主要农产品进口国（地区）市场占有状况分析

中美贸易摩擦以来，中国政府已经公布对来自美国进口农产品加征关税的清单，主要包括大豆、谷物类、棉花、肉类、水产品、乳制品、水果、坚果、威士忌酒和烟草等。在这些美国出口中国的农产品中，我们选择典型的六种农产品，即小麦、玉米、大豆、棉花、牛肉、干鲜水果及坚果。并将这六类农产品分为来自美国和除美国之外其他国家（地区）① 两个市场。

1992～2016 年两大出口市场六类农产品出口额，见图 7.1，从图中可知，1992～2016 年，这两大出口市场六类农产品出口额均呈上升趋势，美国市场出口额增幅远远低于其他出口国（地区）。1992 年、2005 年、2017 年中国主要六类农产品进口国（地区）出口市场占有率变化，见表 7.1。这六类主要农产品出口市场占有率变化特征十分明显，美国除干鲜水果及坚果出口市场占有率依然处于上升势头之外，小麦、玉米、大豆、棉花、牛肉出口市场占有率均呈现下降趋势。而其他出口国（地区）除干鲜水果及坚果出口市场和棉花出口市场占有率略微下降

---

① 除美国之外，这 6 类农产品来自加拿大、阿根廷、巴西、澳大利亚、新西兰、印度、俄罗斯、欧盟、东盟等［其他国家（地区）］。

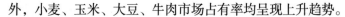

外，小麦、玉米、大豆、牛肉市场占有率均呈现上升趋势。

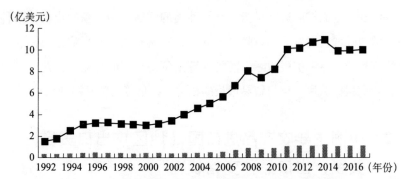

图7.1　1992~2016年两大出口市场六类农产品出口额

资料来源：联合国商品贸易数据库（UN Comtrade Database）的相关数据计算整理绘制而得。

表7.1　　　　1992年、2005年、2017年中国主要六类农产品
进口国（地区）出口市场占有率变化　　　　　　　单位:%

年份	小麦出口		玉米出口		大豆出口	
	美国	其他国（地区）：加拿大、澳大利亚、俄罗斯、欧盟	美国	其他国：阿根廷、巴西、乌克兰	美国	其他国：阿根廷、巴西
1992 年	47.32	52.67	89.40	10.54	75.01	24.99
2005 年	38.01	61.98	80.60	19.40	45.14	54.86
2017 年	23.29	76.71	50.75	49.25	43.07	56.93

年份	棉花出口		牛肉出口		干鲜水果及坚果出口	
	美国	其他国：印度、巴基斯坦	美国	其他国（地区）：欧盟、澳大利亚、新西兰	美国	其他国（地区）：欧盟、巴西、阿根廷、印度、加拿大、澳大利亚
1992 年	51.77	48.23	26.67	73.33	—	—
2005 年	46.30	63.70	13.60	86.40	44.22	55.78
2017 年	38.89	61.11	11.08	88.92	47.82	52.18

注：市场占有率是以美国和美国之外主要出口国（地区）的出口额之和占100%作为计算依据，并非依据全世界该类农产品出口额为计算依据。HS6 位码数据来自联合国商品贸易数据库（UN Comtrade Database）。"—"表示数据库中数据缺失。

资料来源：笔者根据联合国商品贸易数据库（UN Comtrade Database）的相关数据计算整理而得。

7.2.2 中国主要农产品进口国（地区）出口种类、关税变化状况

出口种类变化。1996~2016 年，美国与欧盟农产品出口种类变化趋势基本一致。[①] 呈先增后降，但从总体上看，截至 2016 年出口种类数已低于 1996 年的水平。除美国、欧盟之外，1996 年、2001 年、2005 年、2010 年、2016 年，加拿大、阿根廷、巴西、澳大利亚、新西兰、印度出口种类均大体上呈现上升趋势，其中，印度增幅最大，由 1996 年的 924 种增加至 2016 年的 2021 种，增幅达 118.72%。2001 年、2010 年、2016 年，俄罗斯除 2010 年种类数下降外，总体上仍然呈上升趋势。

关税变化。1996 年、2001 年、2005 年、2010 年、2016 年中国主要农产品进口国农产品出口品种种类、平均关税，见表 7.2。中国主要农产品进口国六类农产品平均关税基本上呈现下降趋势[②]，从 1996 年起，各国关税均有不同程度的降幅，最明显的是澳大利亚和新西兰，澳大利亚从 1996 年的 2.03% 下降至 2016 年的 1.07%，其降幅为 47.29%。同期，新西兰从 1996 年的 3.65% 下降至 2016 年的 1.35%，其降幅为 63.01%，除这两个关税降幅最大的国家之外，其他国家农产品关税均呈现不同程度的下降。

表 7.2　1996 年、2001 年、2005 年、2010 年、2016 年中国主要农产品进口国农产品出口品种种类、平均关税

年份	美国		加拿大		阿根廷		巴西		澳大利亚	
	种类（种）	平均关税（%）	种类（种）	平均关税（%）	种类（种）	平均关税（%）	种类（种）	平均关税（%）	种类（种）	平均关税（%）
1996	1347	5.86	1249	4.39	1272	—	1272	—	947	1.26
2001	1417	5.18	1458	2.99	1292	12.30	1381	12.48	1012	1.05
2005	1957	5.23	1397	3.08	1302	10.08	1308	10.01	1504	1.11
2010	1436	5.41	1427	3.06	1290	10.43	1290	10.26	1029	1.14
2016	1299	5.20	1408	3.09	1415	10.35	1414	10.04	1155	1.07

---

①② 世界贸易组织（WTO）集成数据库（Integrated Database）。

年份	新西兰		印度		俄罗斯		欧盟		
	种类（种）	平均关税（%）	种类（种）	平均关税（%）	种类（种）	平均关税（%）	种类（种）	平均关税（%）	
1996	1344	3.65	924	37.72	—	—	1538	6.15	
2001	1358	1.59	981	39.68	2162	7.30	1566	4.56	
2005	1423	1.64	1989	38.58	—	—	1551	4.70	
2010	1390	1.32	1929	31.41	1836	6.17	1485	4.85	
2016	1499	1.35	2021	32.84	2297	6.07	1528	4.64	

注：出口产品种类是依照 HS6 位码统计的，关税是包含所有农产品的平均关税。"—"表示该年该国数据库中无记录。

资料来源：笔者根据世界贸易组织（WTO）集成数据库（Integrated Database）的相关数据计算整理而得。

7.3 中国主要农产品进口国（地区）福利变化分析

7.3.1 征收关税与社会福利的关系

1. 传统的国际贸易理论释义

传统的国际贸易理论对征税的经典解释是依据进口国是属于小国还是大国来做判断的，若是小国，提高关税会降低社会福利水平。小国征收关税的福利变化，见图 7.2。Pw 为自由贸易下的国际价格，也是商品的国际供给曲线 Sw。在自由贸易下，Q1Q4 为进口量；当征收关税 t 之后，产品国内价格上升为 Pt，而供给曲线变为 St。此时，进口量为 Q2Q3。征收关税的净福利效应 = 生产者福利增加 - 消费者福利损失 + 政府财政收入 = a - (a + b + c + d) + c = - (b + d) < 0。对于小国而言，关税会降低社会福利水平，社会福利的净损失为（b + d）。

若是大国，则关税的净福利难以确定，大国征收关税的福利变化，如图 7.3 所示。Pw 为自由贸易下的国际价格。在自由贸易下，Q1Q4 为进口量。当征收关税 t 之后，国际市场价格降为 P1，而 P2 为征收关税后的国内价格。此时，该国的进口量为 Q2Q3。征收关税的净福利效应＝生产者福利增加－消费者福利损失＋政府财政收入＝a－（a＋b＋c＋d）＋（c＋e）＝e－（b＋d）。当 e＞（b＋d）时，本国福利增加；当e＜（b＋d）时，本国福利则会减少。在大国情形下，关税的净福利效应不确定。

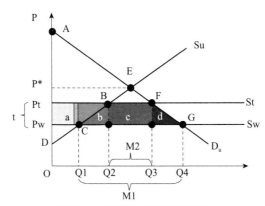

图 7.2 小国征收关税的福利变化

资料来源：笔者绘制而得。

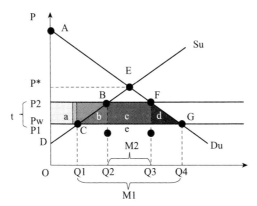

图 7.3 大国征收关税的福利变化

资料来源：笔者绘制而得。

2. 新新贸易理论的阐释

新新贸易理论的前提假设，是建立在异质性（企业异质性或产品异质性）基础之上的，因而，依据赫默美斯和凯利瑙（Hummels and Klenow，2005）等的观点，从本质上讲，无论大国还是小国，关税变化对进出口国双方的社会福利均会产生影响，其影响方式与影响程度是与关税的增减幅度密切相关的。迈克尔·冯克和拉尔夫·鲁韦德尔（Michael Funke and Ralf Ruhwedel，2008）指出，关税的变化（降低或提高）刺激并限制出口国产品的贸易走向，改变出口国贸易方式（贸易渠道），最终导致进出口国双方的福利变化。与传统的贸易理论测算福利原理基本相似，即需要依照一般均衡分析方法，测算关税变化后导致生产者剩余、消费者剩余、政府剩余三者的变化，从而推断社会福利的变化。只不过其测算方式是将关税变化与贸易方式（贸易渠道）联系起来，降低关税可以刺激出口国产品种类的增长（提高其扩展边际水平）。提高关税可以导致某类产品退出该市场（降低其扩展边际水平）。且将扩展边际和福利变化联系起来，通过出口产品种类的增减来估算所引起福利的变化。具体测算方法是，以出口国出口总量水平与经济总量水平之比作为权重，并结合扩展边际的增减来刻画福利水平。

根据新新贸易理论的企业异质性贸易模型，赫默美斯和凯利瑙（2005）在研究国际贸易经济增长源泉时，将进口（或出口）贸易增长分解为集约边际和广义（扩展）边际。我们借鉴此分解方法，将一国产品出口额占世界产品出口总额的份额，分解为集约出口边际（IM）和广义出口边际（EM）两部分，具体含义解释如下：

$$IM = \frac{m_{ik,t}}{\sum_{j \neq i} \sum_{n \in N_{j,t}} m_{jn,t}^{w}} \tag{7.1}$$

$$EM = \frac{\sum_{j \neq i} \sum_{n \in N_{j,t}} m_{jn,t}^{w}}{m_{w,t}} \tag{7.2}$$

在式（7.1）中，$m_{ik,t}$ 表示 i 国 k 种产品在 t 年向世界出口的贸易总额，$\sum_{j \neq i} \sum_{n \in N_{j,t}} m_{jn,t}^{w}$ 表示在 t 年世界向 j 国（除 i 国 k 种产品外的其他样

本国）出口 n 种产品的贸易总额，式（7.2）中的分子与式（7.1）中的分母含义相同，式（7.2）中的分母 $m_{w,t}$ 表示在 t 年世界农产品出口贸易总额。

将式（7.1）与式（7.2）相乘，可以得到 i 国产品出口占世界出口的比重：

$$\frac{m_{ik,t}}{m_{w,t}} = IM \times EM \qquad (7.3)$$

即 i 国产品贸易增长可分解为集约出口边际和广义出口边际，表明出口贸易增长既有贸易数量的增长，也包含新的贸易产品种类的增长。

我们借鉴芬斯特拉（1994）与赫默美斯和凯利瑙（2005）的方法，用出口产品种类增加估算所带来福利的变化，将出口的扩展边际变化与福利联系起来，采用出口国出口总量与经济总量水平之比作为权重，并结合扩展边际的增减来刻画福利水平。VG 表示福利水平（主要指，生产者福利和消费者福利）；$m_{ik,t} / y_i$ 表示 i 国出口产品占 i 国 GDP 的份额，σ 表示出口产品种类间的替代弹性。具体为：

$$VG = \left(\frac{m_{ik,t}}{y_i}\right) \times (EM)^{\frac{1}{\sigma-1}} \qquad (7.4)$$

我们计算福利变化的目的，就是计算不同经济体的出口产品种类增长，国际贸易扩大了市场容量，丰富了产品种类，给消费者和生产者更多选择空间，使消费者福利增加，并可能促进生产者生产率的提高。

7.3.2　中国主要农产品进口国（地区）福利测算：基于新新贸易理论二元边际分析方法估算

1. 数据来源

采用法国世界经济研究专业数据库（CEPⅡ）中的 1996～2016 年中国主要农产品进口国（地区）及世界各国全部 HS6 位码农产品贸易

数据，根据式（7.1）、式（7.2），可以分别算出 1996 年、2001 年、2005 年、2010 年、2016 年中国主要农产品进口国（地区）农产品的进口集约边际和广义进口扩展边际。进一步采用世界银行（World Bank）经济发展数据库，查出中国主要农产品进口国 1996 年、2001 年、2005 年、2010 年、2016 年的国内生产总值（GDP），根据式（7.4），运用 Stata16.0 软件，可以近似地算出进口农产品种类变化所带来相应的福利变化。

2. 中国主要农产品进口国二元边际测算

基于以上数据来源代入式（7.1）求得，1996 年、2001 年、2005 年、2010 年、2016 年中国主要农产品进出口国（地区）农产品的贸易集约边际（IM）、贸易扩展边际（EM），见表 7.3。

表7.3　1996 年、2001 年、2005 年、2010 年、2016 年中国主要农产品进出口国（地区）农产品的贸易集约边际（IM）、贸易扩展边际（EM）

年份	美国		加拿大		阿根廷		巴西		澳大利亚	
	IM	EM	IM	EM	IM	EM	IM	EM	IM	EM
1996	0.61	0.68	0.26	0.63	0.10	0.63	0.13	0.64	0.19	0.48
2001	0.49	0.75	0.23	0.77	0.09	0.68	0.13	0.73	0.17	0.53
2005	0.42	0.72	0.29	0.53	0.15	0.49	0.27	0.49	0.14	0.57
2010	0.99	0.33	0.37	0.32	0.27	0.29	0.53	0.29	0.26	0.23
2016	1.24	0.25	0.45	0.27	0.26	0.27	0.54	0.27	0.29	0.22

年份	新西兰		印度		俄罗斯		欧盟	
	IM	EM	IM	EM	IM	EM	IM	EM
1996	0.07	0.67	0.08	0.46	0.03		1.48	
2001	0.06	0.72	0.06	0.52		1.14	2.43	0.68
2005	0.09	0.53	0.05	0.75	0.12		3.60	0.41
2010	0.14	0.32	0.12	0.44	0.11	0.42	3.91	0.28
2016	0.16	0.28	0.17	0.38	0.03	0.43	1.48	0.26

注：出口产品种类是依照 HS6 位码统计的，关税包含所有农产品的平均关税。

资料来源：笔者根据表 7.1 和表 7.2 中的数据，结合式（7.1）、式（7.2）、式（7.3）计算整理而得。

3. 中国主要农产品进口国福利测算

在上述基础上，通过世界银行（World Bank）经济发展数据库查知，1996 年、2001 年、2005 年、2010 年、2016 年中国主要农产品进口国的国内生产总值（GDP），假设进口农产品种类间替代弹性 σ 为 2.4 时，代入式（7.4），运用 Stata16.0 软件，1996 年、2001 年、2005 年、2010 年、2016 年中国主要农产品进出口国（地区）的贸易福利（VG）（σ=2），如表 7.4 所示。

表 7.4　1996 年、2001 年、2005 年、2010 年、2016 年中国主要农产品进出口国（地区）的贸易福利（VG）（σ=2）

年份	美国	加拿大	阿根廷	巴西	澳大利亚	新西兰	印度	俄罗斯	欧盟
1996	41.5	16.4	6.30	8.32	9.12	4.69	3.68	—	—
2001	36.8	17.1	6.12	9.49	9.01	4.32	3.12	—	16.52
2005	30.2	15.4	7.35	13.23	7.98	4.77	3.75	—	14.76
2010	32.8	11.8	7.83	15.37	5.98	4.48	5.28	4.62	10.95
2016	31.0	12.2	7.02	14.58	6.38	4.48	6.46	12.91	38.48

注：出口产品种类是依照 HS6 位码统计的，关税是包含所有农产品的平均关税。"—"表示数据缺失。

资料来源：笔者根据表 7.1 和表 7.2 中的数据，结合式（7.4）计算整理而得。

根据前面的分析可知：一国出口产品种类增加幅度较大或平均关税下降幅度较大，会增进该国的福利水平（生产者福利和消费者福利）；相反，一国出口产品种类增加（减少）幅度较小或平均关税下降幅度较小，会降低该国的福利水平（生产者福利和消费者福利）。根据表 7.4 计算结果：1996 年、2001 年、2005 年、2010 年、2016 年，美国、加拿大、澳大利亚福利水平（生产者福利和消费者福利）总体上呈现较大幅度下降。美国福利水平下降，主要是出口农产品品种没有增加，同时，平均关税下降幅度较小所致；加拿大、澳大利亚福利水平下降，是平均关税下降幅度较小所致。同期，巴西、印度、俄罗斯、欧盟的福利水平（生产者福利和消费者福利）总体上呈现较大幅度上升，这四个国家（地区）的福利水平上升，主要源于平均关税下降幅度较大。同理，福利水平略微下降的新西兰及福利水平略微上升的阿根廷，也是其关税种类、产品种类变化不大导致的。通过对表 7.4 中美国和美国之外国家（地区）农产品福利水平测算发现：无论美国还是其他国家（地区），其生产者福利水平和消费者福利水平的上升与下降，与关税变化和出口产品种类多少密切相关。

4. 美国提升关税对中美双方福利的影响

由此可知，若想增加生产者福利和消费者福利，可通过降低关税或提高生产效率（或扩大产品种类等）实现。相反，若增加关税，必然降低生产者福利、消费者福利。特朗普将美国关税提高25%，一定会伤害贸易伙伴国和美国的生产者利益和消费者利益。值得我们深入思考的问题是，中国的贸易对等策略是以提高进口农产品关税至25%为首选，而提高进口农产品关税，也将导致中国进口农产品贸易受阻，致使中国生产者福利水平、消费者福利水平下降。从本质上讲，美国贸易战对中美双方都是一种伤害，是双输。在"两害相权取其轻"的思维指引下，如何降低中国农产品贸易受阻程度，如何减少中国的福利损失，调整中国进口农产品市场方向成为一种必然选择。

7.4　中国农产品进出口市场变化及调整转向

7.4.1　引言

关于中国农产品国际贸易的研究很广泛、很深入，其中，很多学者重点研究中国与世界其他国家的农产品贸易发展。如中国与中东欧农产品贸易特征（王纪元和肖海峰，2018）、中国与非洲农产品贸易强度及地位演变（栾一博等，2019）、中国与澳大利亚的农产品贸易特征及增长因素（佟光霁和祁海佳，2019）。"一带一路"倡议提出后，一些学者重点分析了中国与"21世纪海上丝绸之路"沿线国家的贸易特征

（耿仲钟等，2016）、中国与"丝绸之路经济带"沿线国家农产品贸易网络结构特征（王璐等，2019）、中国与"一带一路"沿线国家的农产品竞争力、互补性及贸易特征（魏素豪，2018；詹淼华，2018）。

在中美贸易摩擦发生后，学术界非常关心中美贸易摩擦对中美双方贸易的影响乃至对世界贸易的影响。也有不少学者非常关注中美贸易摩擦之后，对中国农业或农产品市场的影响（塔赫里普尔等，2018；郑适等，2019），乃至中国农产品进出口市场变化及调整转向（龚波、宋海英等，2019；罗浩轩等，2019）。目前，研究中美贸易摩擦对中国进口农产品市场贸易伙伴国产生影响的文献仍不多。因此，分析世界主要农产品大国在中国进口农产品市场的贸易前景以及中美贸易摩擦对贸易前景的影响，既有助于全面掌握农产品大国在中国的贸易发展，也有助于有效预判和应对未来的农产品贸易争端。

中国是世界最大的农产品进口国，也是刺激全球农产品需求增长的主要国家。2018~2020年，中美贸易摩擦对国际农产品供需市场产生一定冲击，该冲击对中国农产品市场乃至世界农产品市场产生的影响仍未消减。在此背景下，研究中美贸易摩擦引起中国主要进口农产品市场变化，进而对中国农产品进出口市场进行调整，有重要的理论价值和现实意义。

7.4.2 中国主要进出口农产品市场变化

美国针对中国进口商品提高关税，中国相应的对等贸易策略主要是针对来自美国市场的商品征收高关税，其中，涉及大宗商品主要为粮棉油等，也包括牛羊肉等畜产品和水产品，还包括干鲜水果及坚果类小宗农产品。下面，我们对中美贸易摩擦引起的中国进出口市场变化情况进行分析。

1. 进口市场

（1）小麦市场、玉米市场

自中美贸易摩擦开始，中国小麦、玉米进口贸易额呈现下降趋势，除了贸易摩擦之外，主要是中国在近几年增加了小麦和玉米的播种面积，增加了小麦和玉米的自产量，从而降低了对外部市场的依赖程度。随着俄罗斯、法国、澳大利亚、加拿大等国小麦出口优势增强以及阿根廷、巴西、法国、澳大利亚、加拿大等国玉米出口优势增强，这些国家开始加大向中国出口小麦、玉米，可部分替代中国对美国市场的依赖。

（2）大豆市场

在中美贸易摩擦之前，中国大豆的进口依赖程度非常高。中国大豆第一进口国为巴西，第二是美国，第三是阿根廷。从 2017 年中国大豆进口情况来看，中国已逐渐减少了从美国进口大豆，增加从巴西和阿根廷进口大豆，美国贸易战引致的中国反制措施，也使美国大豆在中国市场上渐渐失去优势，同时，美国大豆出口中国呈现下降趋势。在此背景下，巴西、阿根廷大豆出口中国有增长趋势，而且，中国大豆进口市场更多转向南美国家，也是南美国家所希望的。

2. 出口市场

中国农产品主要出口市场集中在亚洲，其中，以日本为首，之后，是美国、欧洲和拉丁美洲。亚洲为主的格局没有变，主要市场仍在日本，因此，中美贸易摩擦对中国出口农产品的影响是有限的。

中国农产品进出口地相对集中，主要集中在发达国家（地区）及几个新兴市场国家（地区），而亚洲是中国出口农产品的第一大市场，虽然这几年集中的市场有所变化，但总体表现仍以亚洲市场为主，在对亚洲市场的出口上，表现为对日本、韩国以及东盟一些国家的依赖程度都较大。以出口国（地区）为例，中国农产品对日本、欧盟、美国和韩国等传统市场出口增长强劲。受园艺、畜产品、水产品出口拉动，中国农产品对韩国、东盟等新兴市场国家（地区）出口增长迅速。对新兴市场国家（地区）份额的增加和对传统市场依赖性的降低，标志着中国出口农产品市场结构进一步趋于合理，中国对美国农产品出口也处于合理范围内。

7.4.3 中国农产品进出口市场调整转向

2018 年 6 月 15 日，美国正式宣布对约 500 亿美元从中国进口的商品加征 25% 的关税，7 月 10 日，美国又宣布要对价值约 2000 亿美元的中国商品额外加征 10% 关税。征税清单包括衣食住行、轻工业、机械制造、生活日用品等多类产品。① 美国针对中国输入美国的商品征收高关税，中国采取积极回应，同样，对美国输入中国的商品征收对等关税，提高了美国大豆等主要农产品进入中国市场的关税，因此，中国减少了从美国进口大豆，增加了从南美洲的阿根廷、巴西进口大豆。美国的高关税政策，迫使中国的进出口农产品市场发生转变和调整。

（1）中国农产品进出口市场调整方向

非关税贸易限制对中国农产品的影响已经存在，加之美国直接提高关税，非关税壁垒与关税壁垒的双重叠加，对中国出口美国的农产品冲击影响巨大，中国则需重新选择出口市场，不得不转向进口农产品关税相对较低的欧洲、大洋洲等的国家，更多的是选择与中国没有贸易冲突的除美国之外的其他国家和地区。

（2）中国进出口市场策略调整

中国在未来的进出口市场转向选择上，要注重考虑"一带一路"沿线国家（地区）市场。在"一带一路"倡议实施中，应加强与"一带一路"前段国家（地区），如在中亚地区、南亚地区相关产品贸易路径探索、寻求建立双边（多边）合作机制；应加强与"一带一路"中段国家（地区），如在东欧、中东、非洲国家（地区）相关产品贸易路径探索、寻求建立双边（多边）合作机制；应加强与"一带一

---

① 关于对原产于美国的部分商品加征关税的公告．见中华人民共和国中央人民政府官网，http：//www.gov.cn/xinwen/2018 – 06/16/content_ 5299156. htm.

路"后段国家（地区），主要是在欧洲国家（地区）相关产品贸易路径探索、寻求建立双边（多边）合作机制。

（3）加强中国与"一带一路"新兴市场国家贸易合作。

加强中国与"一带一路"新兴市场国家农产品的安全合作、完善中国与"一带一路"新兴市场国家农产品贸易合作体系等。中国应该积极加强与"一带一路"新兴市场国家的农产品科技交流与合作，积极调整中国出口农产品的产业结构，促使中国与"一带一路"新兴市场国家双方采取各类减税措施，创新各类融资渠道，为中国与"一带一路"新兴市场国家双方农产品进出口提供资金保障和制度保障。

（4）积极探索中国与"一带一路"新兴市场国家双方互惠、互利的新型贸易方式，建立便捷双方的农产品电子商务交易平台，积极推动中国与"一带一路"新兴市场国家双方农产品电子商务的跨境发展，实现中国与"一带一路"新兴市场国家双方农产品贸易快速发展。

参考文献

一、中文文献

[1] 陈丰龙，徐康宁．中国出口产品的质量阶梯及其影响因素 [J]．国际贸易问题，2016（10）：15 – 25.

[2] 陈容，许和连．中国出口农产品质量测算：2000—2013 年 [J]．国际贸易问题，2017（12）：14 – 23.

[3] 陈宇，肖孟璇，何杨．对特朗普税收和贸易新政的思考 [J]．国际贸易，2018（6）：39 – 43.

[4] 董银果，黄俊闻．中国出口农产品质量测度——基于嵌套 Logit 模型 [J]．中国农村经济，2016（11）：30 – 43.

[5] 董银果，黄俊闻．SPS 措施对出口农产品质量升级的影响——基于前沿距离模型的实证分析 [J]．国际贸易问题，2018（10）：45 – 57.

[6] 郭晴，陈伟光．基于动态 CGE 模型的中美贸易摩擦经济效应分析 [J]．世界经济研究，2019（8）：103 – 117 + 136.

[7] 谷宇，高铁梅．人民币汇率波动对中国进出口影响的分析 [J]．世界经济，2007（10）：49 – 57.

[8] 龚波．中美贸易摩擦对中国粮食安全的影响 [J]．求索，2019（4）：107 – 112.

[9] 龚联梅，钱学锋．贸易政策不确定性理论与经验研究进展 [J]．经济学动态，2018（6）：106 – 116.

[10] 耿仲钟，肖海峰．中国与"21世纪海上丝绸之路"沿线国家农产品贸易特征分析［J］．农业经济问题，2016（6）：81-88．

［11］樊海潮，郭光远．出口价格、出口质量与生产率间的关系：中国的证据［J］．世界经济，2015（2）：58-85．

［12］李坤望，蒋为，宋立刚．中国出口产品品质变动之谜：基于市场进入的微观解释［J］．中国社会科学，2014（3）：80-103,206．

［13］栾一博，曹桂英，史培军．中非农产品贸易强度及其国际地位演变分析［J］．世界地理研究，2019（4）：35-43．

［14］罗浩轩，郑晔．中美贸易摩擦下我国农业产业安全深层次困境及破解思路［J］．西部论坛，2019（1）：11-20．

［15］刘慧、项卫星，全球金融危机后的中美经济关系：基于中国崛起的考量［J］．亚太经济，2019（4）13-20,149．

［16］刘永余、王博．利率冲击、汇率冲击与中国宏观经济波动——基于TVP-SV-VAR的研究［J］．国际贸易问题，2015（3）：146-155．

［17］苏理梅，彭冬冬，兰宜生．贸易自由化是如何影响我国出口产品质量的？——基于贸易政策不确定性下降的视角［J］．财经研究，2016，42（4）：61-70．

［18］施炳展．中国企业出口产品质量异质性：测度与事实［J］．经济学（季刊），2013（1）：263-284．

［19］施炳展，邵文波．中国企业出口产品质量测算及其决定因素——培育出口竞争新优势的微观视角［J］．管理世界，2014（9）：90-106．

［20］施炳展，曾祥菲．中国企业进口产品质量测算与事实［J］．世界经济，2015，38（3）：57-77．

［21］宋海英，胡冰川．经贸摩擦背景下中国与拉美农产品贸易

分析 [J]. 华南农业大学学报（社会科学版），2019 (5)：96 - 103.

[22] 孙林，胡菡月. 中国进口食品种类大幅增长：收入分布重叠维度的解释 [J]. 财贸经济，2018 (8)：110 - 125.

[23] 唐宜红，符大海. 经济全球化变局、经贸规则重构与中国对策——"全球贸易治理与中国角色"圆桌论坛综述 [J]. 经济研究，2017 (5)：205 - 208.

[24] 佟光霁，祁海佳. 中澳农产品贸易特征及增长因素的实证研究 [J]. 学习与探索，2019 (10)：151 - 157.

[25] 谭晶荣，邓强，王瑞. 国际大宗商品期货价格与中国农产品批发市场价格关系研究 [J]. 财贸经济，2012 (6)：131 - 137.

[26] 谭晶荣，刘莉，邓强，等. 农产品贸易边际测度及出口农产品转型升级问题研究 [M]. 北京：经济科学出版社，2014 (8).

[27] 王纪元，肖海峰. "一带一路"背景下中国与中东欧农产品贸易特征研究 [J]. 大连理工大学学报（社会科学版），2018，39 (4)：35 - 43.

[28] 王璐，刘曙光，段佩利，尹鹏. 丝绸之路经济带沿线国家农产品贸易网络结构特征 [J]. 经济地理，2019 (9)：198 - 206.

[29] 汪建新. 贸易自由化、质量差距与地区出口产品质量升级 [J]. 国际贸易问题，2014 (10)：3 - 13.

[30] 汪亚楠，周梦天. 贸易政策不确定性、关税减免与出口产品分布 [J]. 数量经济技术经济研究，2017 (12)：128 - 143.

[31] 汪亚楠. 贸易政策不确定性与出口企业利润变动——基于中美贸易的实证分析 [J]. 当代财经，2018 (5)：93 - 103.

[32] 王雅琦，戴觅，徐建炜. 汇率，产品质量与出口价格 [J]. 世界经济，2015 (5)：17 - 35.

[33] 魏素豪. 中国与"一带一路"国家农产品贸易：网络结构、关联特征与策略选择 [J]. 农业经济问题，2018 (11)：101 - 113.

［34］熊立春，程宝栋．中国进口林产品质量测度及其影响因素研究［J］．国际商务（对外经济贸易大学学报），2018（2）：43－52.

［35］许家云、佟家栋，毛其淋，人民币汇率变动、产品排序与多产品企业的出口行为——以中国制造业企业为例［J］．管理世界，2015（2）：17－31.

［36］余淼杰，张睿．中国制造业出口质量的准确衡量：挑战与解决方法［J］．经济学（季刊），2017（2）：463－484.

［37］余智．贸易政策不确定性研究动态综述［J］．国际贸易问题，2019（5）：162－174.

［38］于津平，吴小康，熊俊．双边实际汇率、出口规模与出口质量升级［J］．世界经济研究，2014（10）：47－52，88.

［39］张华新，刘海营，程娜．中美贸易冲突的动因探究与对策——基于美国贸易政策与税改内在逻辑视角［J］．东北亚论坛，2019（4）：47－58.

［40］张小宇，刘永富．中国出口贸易与产出的时变关联机制研究：基于中美贸易摩擦视角［J］．世界经济研究，2019（4）：95－106＋136.

［41］张莹，朱小明．经济政策不确定性对出口质量和价格的影响研究［J］．国际贸易问题，2018（5）：12－25.

［42］张夏，汪亚楠，施炳展．事实汇率制度、企业生产率与出口产品质量［J］．世界经济，2020（1）：170－192.

［43］张小宇，刘永富．中国出口贸易与产出的时变关联机制研究：基于中美贸易摩擦视角［J］．世界经济研究，2019（4）：95－106.

［44］詹森华．"一带一路"沿线国家农产品贸易的竞争性与互补性——基于社会网络分析方法［J］．农业经济问题，2018（2）：103－114.

［45］郑 适，李 睿，王志刚. 中美贸易摩擦对中国农业的影响：机遇与挑战 ［J］. 教学与研究，2019（6）：33 – 44.

二、英文文献

［1］Aghion P. , Blundell R. , Griffith R. , et al. Competition and Innovation: an Inverted – U Relationship ［J］. Quarterly Journal of Economics, 2005, 120（2）: 701 – 728.

［2］Anderson, James and Peter Neary. Measuring the Restrictiveness of Trade Policy ［J］. World Bank Economic Review, 1994, 8（2）: 151 – 169.

［3］Avinash Dixit. Entry and Exit Decisions under Uncertainty ［J］. Journal of Political Economy, 1989, 97（3）: 620 – 638.

［4］Baker S. R. , Bloom N. , Davis S. J. Measuring Economic Policy Uncertainty ［J］. Quarterly Journal of Economics, 2016, 131（4）: 1593 – 1636.

［5］Baumeister C. , Liu P. and Mumtaz H. Changes in the Effects of Monetary Policy on Disaggregate Price Dynamics ［J］. Journal of Economic Dynamics & Control. 2013, 37: 543 – 560.

［6］Berry S. Estimating Discrete – Choice Models of Product Differentiation ［J］. The RAND Journal of Economics, 1994, 25（2）: 242 – 262.

［7］Broda, Christia & Weinstein D. E. Globalization and the Gains from Variety ［J］. Quarterly Journal of Economics, 2006, 121（2）: 541 – 585.

［8］Dixit A. K. , Stiglitz J. E. Monopolistic Competition and Optimum Product Diversity ［J］. American Economic Review, 1977, 67（3）: 297 – 308.

[9] Fan H. , Lai L. C. , Li Y. A. Credit Constraints, Quality, and Export Prices: Theory and Evidence from China [J]. Journal of Comparative Economics, 2015, 43 (2): 390 – 416.

[10] Feenstra R. C. Measuring the Gains from Trade under Monopolistic Competition [J]. The Canadian Journal of Economics, 2010, 43 (1): 1 – 28.

[11] Goldberg P. K. , Verboven F. The Evolution of Price Dispersion in the European Car Market [J]. Cepr Discussion Papers, 2001, 68 (4): 811 – 848.

[12] Hallak J. C. , Schott P. K. Estimating Cross – Country Differences in Product Quality [J]. Quarterly Journal of Economics, 2011, 126 (1): 417 – 474.

[13] Hummels D. , Skiba A. Shipping the Good Apples Out? An Empirical Confirmation of the Alchian-Allen Conjecture [J]. Journal of Political Economy, 2004, 6 (112): 1384 – 1402.

[14] James R. Markusen. Putting per – Capita Income Back into Trade theory [J]. Journal of International Economics, 2013, 90 (2): 255 – 265.

[15] Jonathan Brogaard, Andrew Detzel. The Asset – Pricing Implications of Government Economic Policy Uncertainty [J]. Management Science, 2015, 61 (1): 3 – 18.

[16] Justin R. Pierce, Peter K. Schott. The Surprisingly Swift Decline of US Manufacturing Employment [J]. American Economic Review, 2016, 106 (7): 1632 – 1662.

[17] Khandelwal A. , Schott P. K. , Wei S. J. Trade Liberalization and Embedded Institutional Reform: Evidence from Chinese Exporters [J]. Social Science Electronic Publishing, 2013, 103 (6): 2169 – 2195.

[18] Krugman P. R.. Increasing Returns, Monopolistic Competition and International Trade [J]. Journal of International Economics, 1979 (9): 469 – 479.

[19] Kyle Handley. Exporting under Trade Policy Uncertainty: Theory and Evidence [J]. Journal of International Economics, 2014, 94 (1): 50 – 66.

[20] Lakatos C. and Nilsson L. The EU – Korea FTA: Anticipation, Trade Policy Uncertainty and Impact [J]. Review of World Economics, 2016, 153 (1): 1 – 20.

[21] Li, M., Zhang, W., Hart, C. What Have We Learned from China's Past TradeRetaliation Strategies? [J]. Agricultural & Applied Economics Association, 2018, 33 (2): 1 – 8.

[22] Ling Feng, Zhiyuan Li, Deborah L. Swenson. Trade Policy Uncertainty and Exports: Evidence from China's WTO accession [J]. Journal of International Economics, 2017, 106: 20 – 36.

[23] Melitz M. J. The impact of trade on intra – Industry Reallocations and Aggregate Industry Productivity [J]. Econometrica, 2003, 71 (6): 1695 – 1725.

[24] Michaelis H., Watzka S. Are There Differences in the Effectiveness of Quantitative Easing at the Zero – Lower – Bound in Japan over Time? [J] Journal of International Money and Finance, 2017, 70: 204 – 233.

[25] Mitra, Devashish, Trindade. Inequality and Trade [J]. Canadian Journal of Economics, 2005, 38 (4): 1253 – 1271.

[26] Nakajima J., Kasuya M. and Watanabe T. Bayesian Analysis of Time – Varying Parameter Vector Autoregressive Model for the Japanese Economy and Monetary Policy [J]. Journal of The Japanese and International Economies, 2011, 25: 225 – 245.

［27］ Primiceri G. E. Time Varying Structural Vector Autoregressions and Monetary Policy ［J］. Review of Economic Studies, 2005, 72 (3): 821 – 852.

［28］ Richard Baldwin, Paul Krugman. Persistent Trade Effects of Large Exchange Rate Shocks ［J］. Quarterly Journal of Economics, 1989, 104 (4): 635 – 654.

［29］ Roberts M. J., Tybout J. R. The Decision to Export in Colombia: An Empirical Model of Entry with Sunk Costs ［J］. American Economic Review, 1997, 87 (4): 545 – 564.

［30］ Romer P. New Goods, Old Theory, and the Welfare Costs of Trade Restrictions ［J］. Journal of Development Economics, 1994, 43 (1), 5 – 38.

［31］ Sims C. A. Macroeconomics and Reality ［J］. Econometrica, 1980, 48: 1 – 48.

［32］ Taheripour F., Tyner W. E. Impacts of Possible Chinese 25% Tariff on U. S. Soybeans and Other Agricultural Commodities ［J］. Agricultural & Applied Economics Association, 2018, 33 (2): 1 – 7.

后　记

　　本书是教育部人文社会科学项目"美国贸易政策冲击效应检验与中国进出口市场调整转向战略研究"（批准号：19YJAZH080）的最终研究成果，也是我们研究团队在农产品贸易领域的又一最新成果集成，是集体智慧的结晶。本书中的大部分成果是首次出版。在撰写过程中，我们根据全书的逻辑结构对各章的内容做了补充和调整，以保持与课题申报书的研究内容基本一致。初稿完成后，相关课题组成员对自己负责撰写的内容进行了修改。最后，由我统一修改定稿。

　　本书共包括7章，具体分工如下：

　　第1章由浙江工业大学谭晶荣、宁波财经学院王瑞撰写。

　　第2章由华信咨询设计研究院有限公司童红耀、宁波财经学院王瑞撰写。

　　第3章由浙江工业大学张建霞、宁波财经学院王瑞撰写。

　　第4章由浙江工业大学贺妍婷、宁波财经学院王瑞撰写。

　　第5章由华信咨询设计研究院有限公司童红耀、浙江工业大学谭晶荣撰写。

　　第6章由华信咨询设计研究院有限公司童红耀、浙江工业大学谭晶荣撰写。

　　第7章由浙江商业职业技术学院谭文婷、浙江工业大学谭晶荣撰写。

　　在本书的撰写过程中，我的博士生陈林，硕士生李徐哲、林真成、舒婕、赵剑霆、柳旭、龚朝俊等在查找相关文献和数据方面付出了不少时间和精力，为本课题顺利完成提供支撑。

在本书撰写过程中，曾先后得到浙江省哲学社会科学规划办公室、浙江大学区域经济开放与发展研究中心（浙江省社会科学重点研究基地）、浙江省社会科学院经济研究所、浙江社科技厅、浙江省商务厅、浙江工商大学、浙江财经大学、浙江科技学院、宁波财经学院、浙江商业职业技术学院等组织机构、部门、高校、企业领导指导和支持，在此表示感谢！

感谢多年来为我们提供了宽松科研氛围的浙江工业大学。感谢长期鼓励和支持我们的各位老师和学界同仁。

本书是美国贸易政策冲击效应检验与中国进出口市场调整转向战略研究等方面进行探索的研究成果，其中疏漏和谬误一定不少，敬请学者专家与读者不吝赐教，批评指正！以期将此类问题的研究进一步引向深入。

最后，再次感谢经济科学出版社的王柳松老师的辛勤付出。

谭晶荣
2021 年 12 月